全国高等教育自学考试指定教材

新闻道德与媒介法规

（含：新闻道德与媒介法规自学考试大纲）　课程代码　14475

（2024年版）

全国高等教育自学考试指导委员会　组编

主　编　叶文芳
副主编　林　聪

中国人民大学出版社
·北京·

组编前言

21 世纪是一个变幻莫测的世纪，是一个催人奋进的时代。科学技术飞速发展，知识更替日新月异。希望、困惑、机遇、挑战，随时随地都有可能出现在每一个社会成员的生活之中。抓住机遇、寻求发展、迎接挑战、适应变化的制胜法宝就是学习——依靠自己学习、终身学习。

作为我国高等教育组成部分的自学考试，其职责就是在高等教育这个水平上倡导自学、鼓励自学、帮助自学、推动自学，为每一个自学者铺就成才之路。组织编写供读者学习的教材就是履行这个职责的重要环节。毫无疑问，这种教材应当适合自学，应当有利于学习者掌握和了解新知识、新信息，有利于学习者增强创新意识，培养实践能力，形成自学能力，也有利于学习者学以致用，解决实际工作中所遇到的问题。具有如此特点的书，我们虽然沿用了“教材”这个概念，但它与那种仅供教师讲、学生听，教师不讲、学生不懂，以“教”为中心的教科书相比，已经在内容安排、编写体例、行文风格等方面都大不相同了。希望读者对此有所了解，以便从一开始就树立起依靠自己学习的坚定信念，不断探索适合自己的学习方法，充分利用自己已有的知识基础和实际工作经验，最大限度地发挥自己的潜能，达到学习的目标。

欢迎读者提出意见和建议。

祝每一位读者自学成功。

全国高等教育自学考试指导委员会
2023 年 1 月

目　录

全国高等教育自学考试

新闻道德与媒介法规
自学考试大纲

全国高等教育自学考试指导委员会　制定

大纲前言

为了适应社会主义现代化建设事业的需要，鼓励自学成才，我国在20世纪80年代初建立了高等教育自学考试制度。高等教育自学考试是个人自学、社会助学和国家考试相结合的一种高等教育形式。应考者通过规定的专业课程考试并经思想品德鉴定达到毕业要求的，可获得毕业证书；国家承认学历并按照规定享有与普通高等学校毕业生同等的有关待遇。经过40多年的发展，高等教育自学考试为国家培养造就了大批专门人才。

课程自学考试大纲是规范自学者学习范围、要求和考试标准的文件。它是按照专业考试计划的要求，具体指导个人自学、社会助学、国家考试及编写教材的依据。

为更新教育观念，深化教学内容方式、考试制度、质量评价制度改革，更好地提高自学考试人才培养的质量，全国考委各专业委员会按照专业考试计划的要求，组织编写了课程自学考试大纲。

新编写的大纲，在层次上，本科参照一般普通高校本科水平，专科参照一般普通高校专科或高职院校的水平；在内容上，及时反映学科的发展变化以及自然科学和社会科学近年来研究的成果，以更好地指导应考者学习使用。

全国高等教育自学考试指导委员会
2024年2月

Ⅰ　课程性质与课程目标

一、课程性质和特点

“新闻道德与媒介法规”是全国高等教育自学考试新闻学、传播学、广告学等专业的一门课程，是为培养和检验自学考试者的新闻道德与传媒法规基础理论、基本知识和基本技能而设置的。这门课程既是深入学习新闻传播类专业知识的基础性课程，也是了解和掌握新闻道德的基本规范以及媒介法规的一般性知识，提高媒介法律素养的普及性课程。

二、课程目标

课程设置的目标是使考生能够：

1. 比较全面地了解我国新闻道德的概念和特征，理解新闻道德自律和我国新闻工作者的职业道德规范，辨析新闻道德的原则以及新闻道德的失范现象；

2. 比较全面地了解媒介法规的概念、渊源，深刻理解言论出版自由在不同历史发展阶段的内涵以及新闻记者职务权利的性质；

3. 全面了解对媒介内容监管的原因和方式，重点掌握我国出于国家安全、社会稳定、未成年人的身心健康等原因对媒介内容进行监管的方式，全面理解我国对传统书报刊和互联网内容监管的方式、法律规范；

4. 基本掌握媒介侵权的基本概念和构成要件，全面了解媒介侵犯名誉权、隐私权、肖像权以及著作权等构成要件、责任承担方式及抗辩理由，重点掌握我国对英雄烈士的名誉权保护的立法脉络和法律规范；

5. 理解舆论监督和媒介审判的概念和区别，重点掌握新闻媒介在行使舆论监督权时对隐性采访的使用边界，善用舆论监督权，避免媒介审判；

6. 为进一步学习新闻学与传播学相关知识打下基础。

三、与相关课程的联系与区别

“新闻道德与媒介法规”的先导课程有“新闻学概论”“传播学概论”“新媒体概论”等，学生应在理解和掌握相关概念后，再进入“新闻道德与媒介法规”课程的学习。其中，“新闻学概论”可以让学生全面了解新闻的产生和发展的特殊规律及新闻运作的基本规则；“传播学概论”让学生全面掌握各种传播媒介的特点和运作方式，理解传播行为、传播过程发生和发展的规律，以及传播与人和社会的关系；“新媒体概论”主要侧重于新媒体的传播方式和传播特点，从技术发展角度分析新媒体新闻生产和传播等方面的问题；

而“新闻道德与媒介法规”是在对新闻生产规则、媒介发展特征和新媒体传播特点等知识理解的基础上，对新闻道德和媒介法规展开分析，体系化地论证新闻生产和传播过程中的道德伦理规范，重点分析中国对不同传播媒介内容监管的相关政策与法律规范，以及不同形式的媒介侵权行为，从社会主义法治角度理解新闻自由、舆论监督和媒介审判等基础理论。

“新闻道德与媒介法规”主要培养学生的职业道德，增强学生的法治观念，为学生更好地学习新闻采访、新闻写作等打下坚实的基础。

四、课程的重点和难点

本课程的重点内容包括：对新闻道德原则和新闻职业道德的基本认识，对媒介法规的基本概念、渊源和媒介内容监管、媒介侵权的基本了解。

本课程的难点内容包括：言论出版自由的保护与限制、新闻记者职务权利的内涵和外延；媒介侵犯人格权的构成要件和侵权责任等媒介法律重点内容；舆论监督和媒介审判的辨析和边界等法律思辨内容。另外，本课程是新闻传播学与法学和伦理学相互结合而形成的新兴学科，涉及伦理学和法学的基本理论和概念，又加入一些热点案例和案例分析，使得该课程具有一定的难度和强度。

Ⅱ　考核目标

本课程在考核目标中，按照识记、领会、简单应用和综合应用四个层次规定其应达到的能力层次要求。四个能力层次是递进关系，各能力层次的含义如下。

识记（Ⅰ）：要求考生能够识别和记忆本课程中关于新闻道德和媒介法规的概念、特征和原则等主要内容，并能够根据考核的不同要求，做出正确的表述、选择和判断。

领会（Ⅱ）：要求考生能够领悟和理解本课程中有关新闻道德失范、新闻记者职务权利等内容的内涵和外延，理解媒介内容监管的原因和方式，并能够根据考核的不同要求对新闻道德失范和侵权现象、媒介内容违规现象进行分析和论证，做出正确的判断、解释和说明。

简单应用（Ⅲ）：要求考生能够根据媒介侵权的构成要件对媒介热点案例进行分析和论证，得出相关的结论和做出正确的判断。

综合应用（Ⅳ）：要求考生能够根据所学的新闻道德和媒介法规，对新闻记者的采访行为、社会正当的舆论监督行为和媒介审判等社会现象做出综合的分析和论证，得出解决问题的正当合理的方案。

Ⅲ　课程内容与考核要求

第一章　新闻道德概述

一、学习目的与要求

通过本章的学习，考生应对新闻道德有较为全面、正确的了解和认识，重点掌握新闻道德的概念、特征，学习新闻道德的重要性，新闻道德自律及我国新闻工作者的职业道德规范等主要内容。

二、课程内容

1. 新闻道德的概念与特征
2. 新闻道德的重要性和教育意义
3. 新闻道德自律

三、考核知识点与考核要求

1. 新闻道德的概念与特征

识记：新闻道德的概念。

领会：新闻道德的特征——新闻道德主体上的广泛性；新闻道德调整方式上的非强制性；新闻道德形成上的自发性、长期性和习惯性。

简单应用：能够简单分析新闻道德的普遍性。

综合应用：能够论证新闻道德与法律在调节社会关系上的区别。

2. 新闻道德的重要性和教育意义

识记：新闻道德的重要性——新闻道德是传媒职业专业性的体现；是新闻职业能力的基础；具有独特的价值追求。

领会：加强新闻从业人员的职业道德教育，是加强新闻媒体治理的前提和基础。

简单应用：能够简单分析新闻道德是新闻工作者专业素养的体现。

综合应用：新闻道德与社会道德之间的辩证关系。

3. 新闻道德自律

识记：我国新闻道德自律组织的职能。

领会：我国新闻工作者职业道德规范。
简单应用：能够简单分析新闻工作者职业道德规范的主要内容。
综合应用：新闻道德之于新闻职业的重要性。

四、本章重点与难点

本章重点：理解新闻道德的概念和特征；掌握新闻道德的重要性和新闻道德的教育意义以及新闻道德自律的实现方式。

本章难点：理解新闻道德是新闻专业性的体现；理解习近平总书记对新闻工作者提出的“四向四做”总要求的意义。

第二章　新闻道德原则

一、学习目的与要求

通过本章的学习，考生应对新闻道德的全心全意为人民服务原则、新闻真实性原则、人文关怀原则做全面的了解和把握，能够灵活理解和掌握新闻道德原则的冲突与协调问题。

二、课程内容

1. 全心全意为人民服务原则
2. 新闻真实性原则
3. 人文关怀原则
4. 新闻道德原则的冲突与协调

三、考核知识点与考核要求

1. 全心全意为人民服务原则

识记：全心全意为人民服务是新闻道德的核心，如何做到全心全意为人民服务。

领会：要做到全心全意为人民服务需要牢固树立全心全意为人民服务的思想，坚持党性和人民性相统一原则，新闻报道要学会“拜人民为师，向人民学习”。

简单应用：能够分析作为新闻工作者如何做到全心全意为人民服务。

综合应用：能够正确认识党性和人民性的关系，论证和应用党性人民性相统一原则。

2. 新闻真实性原则

识记：新闻真实性原则的定义及具体要求。

领会：新闻真实性的浅层次和深层次要求的区别；调查研究是坚持真实客观的基本方法。

简单应用：能够分析新闻深层次要求中的现象真实与本质真实的辩证统一、微观真实和宏观真实的有机结合、新闻报道的多层次真实等三个层面的内涵。

综合应用：能够理解与应用调查研究是坚持真实客观的基本方法。

3. 人文关怀原则

识记：人文关怀原则的内涵及具体体现。

领会：生命至上原则以及生命至上原则的启示；最小伤害原则在新闻报道中的适用。

简单应用：能够理解最小伤害原则是对生命至上原则的延伸，强调对人的身心健康等基本权利的保护，并且结合相关案例进行分析和判断。

综合应用：以人文关怀原则为基础对相关案例进行分析和论证。

4. 新闻道德原则的冲突与协调

识记：波特图式的定义、价值、原则。

领会：中庸的原则就是新闻传播公正性的体现。

简单应用：能够简单利用波特图式来分析新闻道德现象。

综合应用：全面理解波特图式的价值及运用方式。

四、本章重点与难点

本章重点：对新闻道德中的全心全意为人民服务原则、新闻真实性原则以及人文关怀原则的理解和掌握。

本章难点：新闻真实性深层次要求中的现象真实与本质真实的辩证统一，微观真实和宏观真实的有机结合和新闻报道的多层次真实；新闻道德原则的冲突与协调问题。

第三章　新闻道德失范

一、学习目的与要求

通过本章的学习，考生应能理解和掌握新闻道德失范的概念，虚假新闻、新闻寻租、新闻歧视等新闻道德失范行为的概念和具体表现形式，并能基于这些理论内容对特殊的新闻现象做出基本的判断。

二、课程内容

1. 虚假新闻
2. 新闻寻租
3. 新闻歧视

三、考核知识点与考核要求

1. 虚假新闻

识记：假新闻和失实新闻的概念与区别。

领会：虚假新闻的欺骗性、迎合性、广泛传播性及危害性四个特征。

简单应用：能够全面理解治理虚假新闻的对策及作用。

综合应用：结合本章基本理论对虚假新闻的治理方式进行分析和评论。

2. 新闻寻租

识记：新闻寻租的内涵和三种表现形式：有偿新闻、有偿不闻和新闻敲诈。

领会：广义和狭义的有偿新闻的概念和区别。新闻寻租产生的原因和具体危害。

简单应用：能够理解新闻寻租产生的原因和具体危害。

综合应用：运用新闻寻租的基本概念去识别和判定具体的新闻寻租行为，并分析其社会危害。

3. 新闻歧视

识记：新闻歧视的概念。

领会：新闻歧视的四种表现形式：地域歧视；性别歧视；残疾/病患歧视；职业/身份歧视。

简单应用：识别和分析新闻报道过程中的新闻歧视行为。

综合应用：能够合理分析如何以新闻公正纠正新闻歧视。

四、本章重点与难点

本章重点：掌握新闻道德失范的概念，虚假新闻、新闻寻租、新闻歧视等新闻道德失范行为的概念和具体表现形式。

本章难点：理解虚假新闻、新闻寻租、新闻歧视等具体的新闻道德失范行为及其产生的原因和造成的社会危害。

第四章　媒介法规的概念和核心理论

一、学习目的与要求

通过本章的学习，考生应对媒介法规的基本概念及法律渊源做全面的了解和掌握，并理解体现媒介法规价值的两个基础理论：言论出版自由和新闻记者的职务权利，重点把握言论出版自由的内涵和限制，并能够辨析新闻记者职务权利的性质。

二、课程内容

1. 媒介法规的概念和渊源
2. 言论出版自由
3. 新闻记者的权益

三、考核知识点与考核要求

1. 媒介法规的概念和渊源

识记：媒介法规的概念和渊源。

领会：媒介法规的纵向体系结构和横向体系结构。

简单应用：能够理解我国对媒介监管的宪法、法律、行政法规、部门规章等法律体系的构成和特征。

综合应用：能够理解和分析我国媒介法规广泛的外延性和体系化。

2. 言论出版自由

识记："言论出版自由"口号的由来。

领会：不同历史时期言论出版自由的内涵。

简单应用：能够分析无产阶级言论出版自由的本质特征。

综合应用：能够分析对言论出版自由限制的原因。

3. 新闻记者的权益

识记：新闻记者职务权利的性质。

领会：新闻记者职务权利的内涵。

简单应用：能够分析新闻记者批评权和评论权之间的区别。

综合应用：能够分析新闻记者的采访报道权与公民知情权之间的辩证关系。

四、本章重点与难点

本章重点：媒介法规的基本概念、法律渊源和法律体系结构，尤其是纵向法律体系结构和横向法律体系结构。

本章难点：言论出版自由的内涵和限制；新闻记者职务权利的内涵和外延。

第五章　媒介内容监管

一、学习目的与要求

通过本章的学习，考生应掌握对媒介内容进行监管的原因和监管的方式，重点理解事先限制和事后追惩的本质区别；了解我国对书报刊、广播电视及电影等传统媒体的监管方式和具体表现，把握我国对互联网媒介的监管方式和监管重点。

二、课程内容

1. 媒介内容监管的原因
2. 媒介内容监管方式
3. 传统媒介内容监管
4. 互联网媒介内容监管

三、考核知识点与考核要求

1. 媒介内容监管的原因

识记：媒介内容监管的原因。

领会：传媒内容与国家安全、社会稳定及未成年人身心健康等之间的关系。

简单应用：能够运用传媒内容监管的原因分析不当的传媒内容可能对国家安全、社会稳定及未成年人身心健康造成的危害和后果。

综合应用：能够以传媒内容监管的主要原因对社会相关案例进行全面分析。

2. 媒介内容监管方式

识记：事先限制和事后追惩的概念。

领会：理解许可证制、审查制和保证金制的概念。

简单应用：能够分析事后追惩与事先限制的区别和社会意义。

综合应用：理解和把握我国媒介内容监管方式的特点。

3. 传统媒介内容监管

识记：书报刊的审读制度、重大选题备案制度及十大禁载规范，广播电视的事前审查和事后审查制度、备案制度和延时制度，电影的“一备两审”制度。

领会：书报刊内容监管和广播电视、电影内容监管的区别和原因，理解广播电视及电影内容的主动侵入性和影响理论。

简单应用：能够运用书报刊的重大选题备案制度、广播电视直播延时制度以及电影的公映许可制度对媒介内容具体监管方式进行辨析。

综合应用：理解为什么我国的电影审查禁止标准是对我国发行和放映所有电影内容提出的最低要求。

4. 互联网媒介内容监管

识记：互联网媒介内容监管的特征。

领会：互联网出版、互联网新闻、互联网直播、网络短视频和网络社交媒体内容重点监管的方式和相关规定。

简单应用：能够理解互联网内容传播的特点及监管的难度，并分析对不同互联网内容监管的重点内容及原因。

综合应用：理解和分析互联网内容监管的困境及趋势。

四、本章重点与难点

本章重点：媒介内容监管的原因和监管方式，以及我国对书报刊、广播电视、电影等传统媒体的监管具体法律规范，把握我国对互联网媒体的监管方式和监管重点。

本章难点：理解事先限制和事后追惩的本质区别及其在书报刊、广播电视电影等传统媒体和互联网媒体内容监管过程中的适用。

第六章　媒介侵权

一、学习目的与要求

通过本章的学习，考生应掌握媒介侵权的概念、特征、构成要件和侵权责任；重点把握媒介侵犯名誉权、隐私权、肖像权和著作权的具体表现形式、社会危害和抗辩形式，理解对英雄烈士名誉荣誉特殊保护的原因。

二、课程内容

1. 媒介侵犯名誉权

2. 英雄烈士名誉荣誉的特殊保护
3. 媒介侵犯隐私权
4. 媒介侵犯肖像权
5. 媒介侵犯著作权

三、考核知识点与考核要求

1. 媒介侵犯名誉权

识记：名誉与名誉权，媒介侵犯名誉权的概念、构成要件、法律责任和侵权抗辩。

领会：媒介侵犯名誉权构成要件的四要素，重点理解名誉权侵权抗辩中的公正评论的要求。

简单应用：把握我国《刑法》中的诽谤罪、侮辱罪、损害商业信誉和商品声誉罪的规定。

综合应用：能够运用媒介侵犯名誉权的构成要件和侵权责任分析媒介名誉权侵权案例，解释其罪与非罪、社会危害等内容。

2. 英雄烈士名誉荣誉的特殊保护

识记：英雄烈士名誉荣誉特殊保护的原因

领会：英雄烈士名誉荣誉特殊保护的方式

简单应用：能够分析侵犯英雄烈士名誉荣誉的三种责任承担方式。

综合应用：能够运用英雄烈士姓名、肖像、名誉、荣誉特殊保护的相关法律规定分析关于英雄烈士的不当言论及其危害。

3. 媒介侵犯隐私权

识记：隐私与隐私权，隐私权和个人信息，媒介侵犯隐私权的概念、构成要件、法律责任和侵权抗辩。

领会：媒介侵犯隐私权构成要件的四要素，重点理解隐私权侵权抗辩中的社会公共利益和社会公众人物。

简单应用：能够区分隐私权和个人信息保护的异同，并对相关案例进行分析。

综合应用：能够运用媒介侵犯隐私权的构成要件和侵权责任分析媒介隐私权侵权案例，解释其罪与非罪、社会危害等内容。

4. 媒介侵犯肖像权

识记：肖像与肖像权，媒介侵犯肖像权的概念。

领会：媒介侵犯肖像权的构成要件，法律责任和侵权抗辩。

简单应用：能够辨析新闻对新闻人物肖像权的合理使用行为。

综合应用：能够运用媒介侵犯肖像权的构成要件和侵权责任分析媒介肖像权侵权案例，解释其罪与非罪、社会危害等内容。

5. 媒介侵犯著作权

识记：著作权的主体和客体，著作权的人身权利和经济权利，著作权相关权利。

领会：媒介侵犯著作权的表现形式，重点理解媒介侵犯著作权抗辩中的合理使用和法定许可。

简单应用：分析著作权领域对报道新闻、刊登转载时事性文章以及在公众集会上发表的讲话等合理使用的范围和内容。

综合应用：能够运用媒介侵犯著作权的构成要件和侵权责任分析媒介著作权侵权案例，解释其罪与非罪、社会危害等内容。

四、本章重点与难点

本章重点：媒介侵权的概念、特征、构成要件和侵权责任；了解侵权行为中的过错和损害后果；理解对英雄烈士名誉荣誉特殊保护的原因。

本章难点：媒介侵犯名誉权、隐私权、肖像权和著作权的具体表现形式和抗辩，尤其是隐私权抗辩中的社会公共利益和公众人物；理解对公民隐私权的保护和个人信息保护的立法差异。

第七章　舆论监督与媒介审判

一、学习目的与要求

通过本章的学习，考生应掌握舆论监督的概念和意义，了解隐性采访的性质以及隐性采访和舆论监督的关系，重点把握舆论监督和司法公正的良性互动，避免媒介审判。

二、课程内容

1. 舆论监督和舆论监督权
2. 舆论监督与隐性采访
3. 媒介审判

三、考核知识点与考核要求

1. 舆论监督和舆论监督权

识记：舆论、监督以及舆论监督权的概念。

领会：舆论监督的法律渊源、舆论监督、言论自由与批评建议权的辩证关系。

简单应用：能够分析舆论监督与政府信息公开、公民知情权实现之间的相互关系，正确理解舆论监督三个层面的内容。

综合应用：能够运用舆论监督的作用分析社会热点事件，理解舆论监督在维护社会公平正义、促进公民参政议政上的积极作用。

2. 舆论监督与隐性采访

识记：隐性采访的概念。

领会：舆论监督与隐性采访的辩证关系。

简单应用：能够分析隐性采访的伦理失范和法律边界问题。

综合应用：能够运用隐性采访适用的条件及原则分析社会热点事件。

3. 媒介审判

识记：掌握司法公开和媒介审判的概念和本质。

领会：理解媒介审判方式及主要特征。

简单应用：理解媒体审判对司法公正的损害和弊端，把握媒体的报道和司法审判之间良性互动的方式。

综合应用：能够运用媒体参与庭审活动必须遵守法律规定，以及媒体报道应坚持的具体原则，分析媒体舆论监督和媒介审判具体现象。

四、本章重点与难点

本章重点：舆论监督的概念和意义，隐性采访的性质和方式以及媒介审判的概念及对司法公正的影响。

本章难点：舆论监督和媒介审判的异同以及如何把握舆论监督和司法公正的良性互动，避免媒介审判。

Ⅳ 关于大纲的说明与考核实施要求

一、课程自学考试大纲的目的和作用

课程自学考试大纲是根据新闻学、传播学、广告学等专业自学考试计划的要求，结合自学考试的特点而确定的。其目的是对个人自学、社会助学和课程考试命题进行指导和规定。

本课程自学考试大纲明确了课程学习的内容以及深度和广度，规定了课程自学考试的范围和标准。因此，它是编写本课程自学考试教材和辅导书的依据，是社会助学组织进行自学辅导的依据，是自学者学习教材、掌握课程内容知识范围和程度的依据，也是进行自学考试命题的依据。

二、课程自学考试大纲与教材的关系

课程自学考试大纲是进行学习和考核的依据，教材是学习和掌握课程知识的基本内容与范围，教材的内容是大纲所规定的课程知识和内容的扩展与发挥。课程内容在教材中可以体现一定的深度或难度，但在大纲中对考核的要求一定要适当。

大纲与教材所体现的课程内容应基本一致；大纲里面的课程内容和考核知识点，教材里一般也要有。反过来教材里有的内容，大纲里就不一定体现。如果教材是推荐选用的，其中有的内容与大纲要求不一致的地方，应以大纲规定为准。

三、关于自学教材

《新闻道德与媒介法规》，全国高等教育自学考试指导委员会组编，叶文芳主编，中国人民大学出版社，2024 年版。

四、关于自学要求和自学方法的指导

本大纲的课程基本要求是依据专业基本规范和专业培养目标而确定的。课程基本要求还明确了课程的基本内容，以及对基本内容掌握的程度。基本要求中的知识点构成了课程内容的主体部分。因此，课程基本内容掌握程度、课程考核知识点是高等教育自学考试考核的主要内容。

为有效地指导个人自学和社会助学，本大纲已指明了课程的重点和难点。

本课程共 4 学分。

根据成人业余自学的情况，结合新闻学、传播学、广告学等专业的要求和新闻道德与媒介法规课程的特点，考生在进行新闻道德与媒介法规的学习中，应注意新闻道德的内涵、原则和新闻道德失范行为以及媒介法规部分的媒介侵权、媒介内容监管等相关理论的学习，还应注意自学方法的掌握。具体方法包括：

1. 全面、系统地学习教材内容

新闻道德与媒介法规考试以全国高等教育自学考试指导委员会指定的中国人民大学出版社出版的教材内容为命题范围。因此，考生必须认真通读该教材，熟悉教材内容。考生对整本教材至少要看三遍，在理解的基础上，记住基本概念、基本理论和重要案例，理解和掌握教材中重要概念和相关理论，并能熟练地运用概念和理论对相关案例进行分析。

全书共分为两篇、七章。

第一篇：新闻道德
- 新闻道德概述（第一章）
- 新闻道德原则（第二章）
- 新闻道德失范（第三章）

第二篇：媒介法规
- 媒介法规的概念和核心理论（第四章）
- 媒介内容监管（第五章）
- 媒介侵权（第六章）
- 舆论监督与媒介审判（第七章）

尽管教材的内容很多，但教材有一个很显著的特点，即许多章节之间的基本概念和理论是有相关性的。如媒介侵权，都以民事侵权构成的四要件为基础，其侵权行为特征、侵权责任承担都具有知识的体系性和统一性，所以在这一部分内容中，学生不用死记硬背，而应在理解中进行识记和归纳。因此，全面了解教材的内容，有助于考生理解媒介侵权的主要精髓，掌握各考点间的相互关系，减少记忆的难度。

2. 强化解题能力的训练

“新闻道德与媒介法规”是一门应用性较强的课程，特别是有大量的综合性案例分析。要求考生在把握基本内容的基础上，必须能够熟练应用基本概念、理论，并有综合分析、解题的能力。因此，在通读教材的前提下，要多做一些案例分析题，把教材中新闻道德失范、侵权责任、新闻违法等关系搞清，并能熟练、灵活应用。考生要把有关章节的内容贯通起来考虑，才能将案例分析题顺利解出。

针对客观题的训练，主要是多做练习，尽可能多地从不同角度理解同一考点，通过不断地做题，对考点的内容有一个全面的了解，减少客观题的错误。

案例分析题，往往更关注基本概念、理论的灵活运用。在进行练习时，要善于总结每道题中所有考点之间的联系，找出它们的结合点，为后续解题提供一种思路。

3. 突破重点和难点

教材中许多考点的内容是考试的重点内容，重点内容在考试大纲中有较明确的提示。在复习时，对重点内容要多阅读、勤思考、多练习，力求熟练掌握教材的重点内容。难点内容往往是考试中失分较多的地方，因此，考生要花更多的时间与精力突破难点。难点内容有较强共性，大多是考生接触较少，同时又是较难理解的内容。突破难点的方法因人而异，但是，认真阅读教材相关的内容，理解教材的思路，对教材中的案例反复研读和领会是非常有必要的，在此基础上，如果能时时将相关内容联系起来思考，能起到事半功倍的效果。

4. 大量练习，掌握答题技巧

俗话说“熟能生巧”，考试也不例外。对教材内容是否掌握，最终是否能顺利通过考试，关键取决于考生对基本概念、基本原则、基础理论的掌握程度，但解题技巧也是不可或缺的，考生在掌握了相应的概念、理论后，应注意针对不同的题型，采用不同的解题技巧。

五、对考核内容的说明

1. 本课程要求考生学习和掌握的知识点内容都作为考核的内容。课程中各章的内容均由若干知识点组成，在自学考试中成为考核知识点。因此，课程自学考试大纲中所规定的考试内容是以分解为考核知识点的方式给出的。由于各知识点在课程中的地位、作用以及知识自身的特点不同，自学考试对各知识点分别按四个认知层次确定其考核要求。

2. 在考试之日起 6 个月前，由全国人民代表大会和国务院制定或修订的法律、法规都将列入相应课程的考试范围。凡大纲、教材内容与现行法律、法规不符的，应以现行法律法规为准。

3. 课程分为两部分，即新闻道德和媒介法规，考试试卷中所占的比例大约分别为 30%、70%。

六、关于考试方式和试卷结构的说明

1. 本课程的考试方式为闭卷，笔试，满分 100 分，60 分及格。考试时间为 150 分钟。

2. 本课程在试卷中对不同能力层次要求的分数比例大致为：识记占 20%，领会占 30%，简单应用占 30%，综合应用占 20%。

3. 要合理安排试题的难易程度，试题的难度可分为：易、较易、较难和难四个等级。必须注意试题的难易程度与能力层次有一定的联系，但二者不是等同的概念。在各个能力层次中对于不同的考生都存在着不同的难度。在大纲中要特别强调这个问题，应告诫考生切勿混淆。

4. 课程考试命题的主要题型一般有单项选择题、多项选择题、简答题、论述题、案例分析题等题型。

在命题工作中必须按照本课程大纲中所规定的题型命制，考试试卷使用的题型可以略少，但不能超出本课程对题型的规定。

附录：题型举例

一、单项选择题：在每小题列出的备选项中只有一项是最符合题目要求的，请将其选出

1. 中国新闻道德的核心内容是

A. 坚持新闻真实性原则　　B. 全心全意为人民服务

C. 坚守人文关怀原则　　D. 减少二次伤害

2. 下列属于中国报刊审读制度中的媒介监管方式的是

A. 事先限制　　B. 事后追惩

C. 许可证制度　　D. 保证金制度

二、多项选择题：在每小题列出的备选项中至少有两项是符合题目要求的，请将其选出。错选、多选、少选或未选均无分

3. 下列不属于新闻道德特征的有

A. 新闻道德主体上具有广泛性

B. 新闻道德调整方式上具有非强制性

C. 新闻道德形成上具有自发性、长期性和习惯性

D. 新闻道德具有强制性

4.《中华人民共和国著作权法》不予保护的作品包括

A. 法律法规，国家机关的决议、决定、命令和其他具有立法、行政、司法性质的文件，及其官方正式译文

B. 单纯事实消息

C. 历法、通用数表、通用表格和公式

D. 已逝世之人的作品

三、简答题

5. 请简述图书、报纸、期刊出版过程中的禁载规范。

6. 请简述新闻道德失范的典型行为方式。

四、论述题

7. 请论述新闻记者的权益性质。

8. 结合媒介审判的概念，谈谈你对媒介审判负面影响的看法。

五、案例分析题

9. 2021 年 5 月 22 日，新闻媒体报道“杂交水稻之父”、中国工程院院士、“共和国勋章”获得者袁隆平逝世。根据群众举报，一网民“胜者为王”在微信朋友圈发表针对袁隆

平的侮辱性言论，造成恶劣社会影响。经调查核实，该网民系天津市静海区人李某（男，38 岁）。公安机关接到举报后即对其采取刑事强制措施。

要求：

（1）分析该案件犯罪嫌疑人李某侵害了袁隆平的什么权利。

（2）试结合相关法律规定谈谈你对网络言论自由的看法。

大纲后记

《新闻道德与媒介法规自学考试大纲》是根据《高等教育自学考试专业基本规范（2021 年）》的要求，由全国高等教育自学考试指导委员会新闻类专业委员会组织制定的。

全国考委新闻类专业委员会对本大纲组织审稿，根据审稿会意见由编者做了修改，最后由新闻类专业委员会定稿。

本大纲由北京印刷学院叶文芳副教授编写；参加审稿并提出修改意见的有北京大学谢新洲教授、中国人民大学赵曙光教授、中国社会科学院黄楚新研究员。

对参与本大纲编写和审稿的各位专家表示感谢。

全国高等教育自学考试指导委员会

新闻类专业委员会

2024 年 2 月

全国高等教育自学考试指定教材

新闻道德与媒介法规

全国高等教育自学考试指导委员会　组编

编者的话

随着社会技术的变革，新闻采写、传播都发生了巨大的变化，面临一系列挑战。从国内新闻到国际事件，从传统报纸、期刊到互联网新闻传播，从单纯事实消息到纷繁复杂的网络短视频，社会信息越来越多样化和多元化，人们不仅对社会事件越来越关注，对自我知情权的满足和表达权的实现也格外重视。新媒介对新闻人才的需要与日俱增；国家对新闻人才的培养，社会对新闻从业人员的工作都提出了新的要求。“新闻道德与媒介法规”是新闻传播人才培养环节中的一门基础性课程。学好新闻道德，掌握媒介法规基本规范，对于提升新闻专业素养、增强理论分析能力和实践操作能力，具有重要意义。

为适应我国高等教育自学考试教育发展的新形势，培养应用型人才，满足广大考生学习的需要，在全国高等教育自学考试指导委员会的指导下，编写了这本《新闻道德与媒介法规》教材，为参加高等教育自学考试的考生及其他新闻传播工作者提供力所能及的帮助。本教材旨在帮助考生全面认识人类新闻传播活动，把握新闻道德的原则和媒介法规的基本要求，掌握分析和评价社会新闻采写、传播、评价的基本方法，提高新闻道德和法治素养。

本教材的特点如下：

（1）理论知识的前沿性。本教材在追求成熟性和完整性的同时，力求反映最新理论成果和前沿实践成果。本教材先从新闻道德的内涵出发，以新闻道德基本原则为基础，对新闻道德的重要性、新闻道德原则、新闻道德失范行为进行系统分析，并以新闻自由和新闻记者职务权利的属性为出发点，对媒介监管的原因、方式做出总结，重点分析我国对书报刊、广播电视等传统媒体及互联网媒体的媒介监管特征，系统论述不同性质的媒介侵权构成要件和责任承担方式，对新闻舆论监督和新闻审判做出了全面的分析和总结。

（2）内容安排的基础性。在内容安排上，本教材紧密结合新闻传播应用型人才培养需求，注重理论联系实际，加强了对国家媒介法规、新闻道德失范及新闻侵权案例等实用知识的普及。针对考生的情况，教材在内容的选择上尽量做到基础性、少而精，突出了能力的训练和培养。

（3）案例选择的多样性。本教材结合基础理论和相关知识点，选择了大量鲜活的案例帮助考生理解和掌握教学内容，提升融会贯通、举一反三的能力。

本教材由叶文芳副教授担任主编，独立完成媒介法规部分的撰写及全部文字的审校。新闻道德部分由林聪老师负责编写。

本教材在案例收集和编写过程中，参考了许多专家、学者和互联网上未署名者的相关研究成果，吸收了许多观点，在此致以诚挚的谢意。

本教材在策划、编写和出版的过程中，得到了全国高等教育自学考试指导委员会新闻类专业委员会的大力支持和帮助，谨表深切谢意。

由于时间、精力和水平有限，教材中难免有不妥之处，欢迎广大读者批评指正。

叶文芳

2024 年 2 月

第一篇

新闻道德

第一章　新闻道德概述

新闻道德是新闻传播业整体、新闻媒介实体（包括报社、电台、电视台、网站等新闻组织）和新闻工作者（编辑、记者、播音、主持等）在新闻传播活动中的价值取向、道德表现与日常行为品德规范等的总和。新闻道德问题与对新闻道德的研究是人类新闻传播领域发展到一定阶段以后，出现了一系列道德与伦理问题，人们进行探讨的结果。

第一节　新闻道德的概念与特征

一、新闻道德的概念

道德（morality）一词源于拉丁文，指的是一种方式、一种习惯。道德是非强制性地调节社会关系的规范。新闻道德是一种以新闻从业者为行为主体的职业道德，即“新闻道德就是指在新闻传播机构中从事采写、编播、信息交流沟通、宣传策划、出版发行、经营管理等方面工作的新闻从业人员在长期的职业实践中形成的调整他们之间及其与社会组织、公众之间相互关系的行为规范，亦即规范道德”[①]。

新闻道德贯穿于新闻活动始终，具有普遍性，但是，并不是所有的新闻行为都是新闻道德行为，新闻行为可以分为：新闻道德行为、新闻非道德行为和新闻不道德行为。新闻道德行为是跟道德相关的，符合道德合理性的或合乎道德理性的行为，如新闻传播过程中有利于他人和社会的行为，能够给受众以积极影响的行为。新闻不道德行为是不符合道德合理性的或不合乎道德理性的行为，如采访中利用职务便利接受赠礼收受贿赂的行为，为点击率捏造事实的行为等。新闻非道德行为是跟道德无关的行为，如纯技术层面的采编技巧、排版印刷等行为。

二、新闻道德的特征

道德规范与法律和政治规范相比具有非强制性和非官方性，与宗教规范相比，具有世俗性和普适性的特点。新闻道德具有如下特征：

第一，新闻道德主体上的广泛性。新闻道德是新闻从业者的职业道德规范，这里的新闻从业者包括采写、编播、信息交流沟通、宣传策划、出版发行、经营管理等新闻生产全流程的新闻从业人员。互联网＋时代重塑了新闻生产过程，新闻生产不再是传统媒体机构

---

① 陈绚．新闻传播伦理与法规教程［M］．北京：中国人民大学出版社，2016.

新闻从业人员的“专利”，新闻生产更加多元化和快速化。以用户生成内容（user generated content，UGC）为代表的新闻生产方式，使得新闻生产更加多元化，互联网媒体用户可以通过社交媒体、视频分享平台等上传和分享自己的新闻内容，网络大V、自媒体人等具有较大的社会和舆论影响力，普通网民也成了传播的重要力量，他们在新闻传播和舆论中的行为也需要参照新闻道德基本的规范准则。

第二，新闻道德调整方式上的非强制性。不同于法律制度规范，新闻道德规范不是有权国家机关制定的，是没有国家强制力保证实施的规范。新闻道德通过新闻从业者和其他相关主体的自觉遵守和互相监督得以实现，一旦发生违反新闻道德的新闻行为，相关人员将丧失公信力，而受到来自社会和行业的共同外部压力。

第三，新闻道德形成上的自发性、长期性和习惯性。新闻道德是广大新闻从业者和相关者共同遵守、约定俗成，并最终形成全行业共同遵守的行业自律。如中华全国新闻工作者协会于1991年通过并于1994年、1997年、2009年、2019年修订的《中国新闻工作者职业道德准则》。

第二节　新闻道德的重要性和教育意义

以习近平同志为核心的党中央高度重视党的新闻舆论工作和新闻队伍建设。在2016年党的新闻舆论工作座谈会上，习近平总书记强调新闻舆论工作者要“严格要求自己，加强道德修养，保持一身正气”。在会见中国记协第九届理事会全体代表和中国新闻奖、长江韬奋奖获奖者代表时，习近平总书记提出了“四向四做”总要求，即“坚持正确政治方向，做政治坚定的新闻工作者；坚持正确舆论导向，做引领时代的新闻工作者；坚持正确新闻志向，做业务精湛的新闻工作者；坚持正确工作取向，做作风优良的新闻工作者”。习近平总书记的重要论述，规范了新闻工作者的职业准则，明晰了新闻工作者的职业道德，是广大新闻工作者的行为标尺、职业追求。

一、新闻道德的重要性

新闻道德之于新闻职业重要性是由新闻职业的特殊性决定的。新闻道德是记者之所是，即记者之为记者的内在规定性。[①] 新闻职业是对他人产生影响的特殊职业，人们常说“医生、律师影响一个人，教师影响一群人，记者影响整个社会”。这就要求新闻从业者具有崇高感、使命感和责任心。这是由新闻从业者诉诸舆论而参与国家治理的特殊身份和地位所决定的，是由新闻从业者所承担的构建社会主义道德体系的神圣使命所决定的，也是新闻媒介在社会中的巨大影响力决定的。新闻道德无法取代的重要地位主要表现在以下三个方面。

（一）新闻道德是传媒职业专业性的体现

新闻道德是媒体职业专业性的核心要素，是决定新闻应该如何采集、制作、报道和编

① 陈绚．新闻传播伦理与法规教程［M］．北京：中国人民大学出版社，2016.

辑的行为准则。新闻行业不同于普通行业，它是社会主义核心价值观和精神文明的传播者和生产者，一个合格的新闻专业人才首先要有过硬的道德品质和职业道德素养，职业道德是其本质属性。正如美国新闻学家赫尔顿所说："在新闻领域里面，没有哪个问题比新闻道德问题更重要，更难以捉摸，更带有普遍性了。新闻道德是新闻从业者行进过程中永远无法回避的一堵'墙'。"① 新闻从业者对新闻道德理解和把握的程度，是判断其专业性的重要标准。高尚的新闻道德是从业者的个人行为准则，更是对社会的责任。新闻工作者的判断力和职业操守确保了信息的准确和公正，不仅提升了行业的公信力，也更好地服务公众，推动社会进步和文明发展。

（二）新闻道德是新闻职业能力的基础

新时代对新闻人的独立思考与判断能力提出了更高要求。这些能力的塑造是建立在综合的人文素养之上的，人文社会学科的综合培养可以帮助新闻从业者建立宏观视野，提升多视角思考能力以及养成批判性思维。新闻道德融合了哲学、社会学、法学、心理学、行为科学等多学科知识，结合新闻行业特点综合运用马克思主义的基本立场、观点和方法，以正确的人生观、价值观、道德观帮助新闻从业者树立正确的理想信念，做忠诚的爱国者。一般新闻道德涉及新闻行业发展过程中的道德规范，对涉及新闻业发展的社会调节、伦理规范、政策变迁和法治建设等进行说明和解释，并介绍相关的背景、规律，帮助新闻从业者了解和掌握传媒市场和新闻传播活动的规则体系，塑造道德观念和职业操守，并形成道德思维能力和实际问题的分析解决能力。

（三）新闻道德具有独特的价值追求

新闻道德的独立性还体现在独立的价值追求。在价值追求方面，职业道德教育是对"善"的追求，我国著名学者王国维曾指出："教育之事亦分为三部：智育、德育（即意育）、美育（即情育）是也。""对此三者而有真美善之理想：'真'者智力之理想，'美'者感情之理想，'善'者意志之理想也。"在新闻传播课程体系中，不同的课程有着不同的价值追求，自然科学和社会科学类知识大致追求"真"，文学和艺术类知识大致追求"美"，价值观和品德类知识大致追求"善"。不同学科专业学生都有三方面的学习之需要，"完全之人物不可不备真美善之三德，欲达此理想，于是教育之事起"②。学科理论类课程塑造人才方面，主要培养科学思维、创新思维、数据思维等，人文艺术类课程培养学生的美学思维，职业道德教育则培养学生的道德思维，新闻道德进而还培养学生独立和批判精神。当前，信息技术的发展重塑了新闻生产流程，如人工智能可以实现技术上的精准和急速，可以模仿艺术上的美感，却难以取代人内心的善念，以人工智能、大数据等信息技术赋能传媒全流程的过程中，人类的道德思维的培养更加重要。

二、新闻道德教育的意义

（一）贯彻落实高等教育立德树人根本任务的需要

2018 年 10 月教育部、中宣部颁发的《关于提高高校新闻传播人才培养能力 实施卓越

---

① HULTENG J L. 信使的动机：新闻媒介的道德问题［M］. 台北：台湾远流出版社，1992：220.

② 王国维. 中国人的境界［M］. 北京：中国工人出版社，2012：2.

新闻传播人才教育培养计划 2.0 的意见》中明确提出，“全面落实立德树人根本任务，坚持马克思主义新闻观，用中国特色社会主义新闻理论教书育人，培养造就一大批具有家国情怀、国际视野的高素质全媒化复合型专家型新闻传播后备人才”，并进一步指出要“强化思想引领和价值塑造，构建思想政治教育、职业道德教育、专业知识教育‘三位一体’新闻传播育人体系”。教育部公布的《高等学校课程思政建设指导纲要》指出，“专业课程是课程思政建设的基本载体。要深入梳理专业课教学内容，结合不同课程特点、思维方法和价值理念，深入挖掘课程思政元素，有机融入课程教学，达到润物无声的育人效果”。近年来的顶层设计诸多重要举措，体现了党对高校思想政治工作的高度关注和高校思想政治工作的极端重要性。加强职业道德教育是传媒类专业落实思想政治教育融入专业教育，是与思想政治教育同向同行的重要方式。

（二）加强信息化时代新闻媒体治理的需要

信息化对人类社会的影响是多方面的，会带来经济、社会、法律、伦理道德等一系列问题，挑战了社会综合治理能力，对于传媒的影响也不例外。同传统传播模式相比，信息时代的信息传播吸纳了大量的传播参与者以及信息和资源，整合了更多复杂的传播目标，模糊了传播路径，引发了公民表达权利、政治参与权、经济文化权利以及他人的隐私权、名誉权和知识产权等的发展与冲突，对信息化时代的公共治理提出了更广泛和深入的要求。对此，需要从信息传播的管理者和广大参与者的角度，明确人工智能媒体公共治理主体地位，对各类融媒体公共治理模式进行深入思考和重新构建。

新闻道德是新闻从业者和新闻机构自身，遵循体现普遍性的社会公德（工作观）和体现特殊性的专业标准（专业规范），对其职业行为进行的自我约束和自我管理。新闻道德是决定新闻应该如何采集、制作、报道和编辑的行为准则。加强从业人员的职业道德教育，提升从业人员整体素质是加强新闻媒体治理的前提和基础。

（三）社会道德建设的需要

新闻媒介作为一项社会事业，是人们在社会生产和生活中进行信息传播和思想交流的一种必不可少的物质手段，它通过新闻信息传播形成社会舆论，并影响社会生活。全媒体时代，具体表现为全新舆论生态下的全员媒体、全程媒体、全息媒体和全效媒体之无处不在、无所不能、无所不及甚至无人不知。全媒体要求全素养，主体的全员性模糊了职业与非职业的边界，更加考验传媒专业人员在新闻传播活动中“把关人”的角色。对纷繁复杂的信息进行筛选加工，并在此过程中甚至有可能加入个人的态度、观点或评价，不是简单地复制事实、被动传达观点，在新闻传播活动中具有主观能动性。每一位新闻从业人员在传播活动中表现出来的良好的道德状况对整个社会良好风尚的形成和道德水准都有重要的意义。一个道德败坏、利欲熏心、违背社会主义核心价值观的新闻从业者不可能担当起开启民智、引导国民的社会重任，甚至对社会是有巨大危害的。

第三节　新闻道德自律

新闻道德的自律不仅指的是新闻工作者道德上的自我约束，更是来自回应现实问题中道德经验累积形成的行业性自律，是新闻工作者及新闻机构对所从事的新闻活动按照一定的道德标准进行自我限制和自我约束的行为，既体现了新闻工作者的道德素养和专业水平，也体现了新闻行业的基本要求。新闻道德自律通过成立新闻道德自律组织，并形成达成共识的新闻道德自律规范来实现。

一、我国新闻道德自律组织

（一）我国新闻道德自律组织建立过程

欧美西方国家经历了一个从“自由主义新闻体制”到强调“社会责任新闻理论”的演变，各国通过设立的行业自律组织，制定和执行新闻职业规范、道德准则和标准来实现对新闻职业的约束。如英国的独立新闻标准组织、日本新闻协会、比利时新闻纪律评议会、荷兰的新闻荣誉法庭、南非的新闻调查委员会、德国的报业评议会等。目前，我国新闻道德委员会组织体系已经初步建成，新闻道德委员会的建立是新形势下加强新闻职业道德建设的重要举措。

一直以来，中华全国新闻工作者协会（简称中国记协）承担了新闻道德自律组织的职责，它是中国共产党领导的中国新闻界的全国性人民团体，是党和政府密切联系新闻界的桥梁和纽带。中国记协前身是 1937 年 11 月 8 日在上海成立的“中国青年新闻记者协会”（简称“青记”）。“青记”成立后即迁往武汉，1938 年 3 月 15 日更名为“中国青年新闻记者学会”。1938 年 3 月 30 日，“中国青年新闻记者学会”在武汉召开第一次全国代表大会。“青记”总会设在武汉，在广州、香港、桂林等许多城市设有分会。1939 年 5 月，“青记”总会迁至重庆。1941 年 4 月，“青记”总会和在国民党统治区的各分会遭国民党政府查封，但在香港、延安和抗日根据地的各分会仍继续活动。1949 年 7 月，中华全国新闻工作者协会筹备会在北平（今北京）筹建，作为全国性的新闻工作者组织，与各民主党派和 15 个人民团体一起参加中国人民政治协商会议第一次全国代表大会。1957 年 3 月，中华全国新闻工作者协会在北京正式成立。

为了加强行业道德自律，2013 年中国记协开展新闻道德委员会试点工作，这是新形势下加强新闻职业道德建设和队伍建设的创新之举，是依法管理、行政管理、行业自律和社会监督四管齐下、综合治理的新平台。继 2013 年第一批新闻道德委员会在河北、上海、浙江、山东、湖北试点成立后，2014 年试点范围进一步扩大。截至 2014 年底，成立新闻道德委员会试点的省市和机构已达 19 家。中国记协新闻道德委员会于 2015 年 12 月 29 日正式成立，是新闻行业加强职业道德建设的自律机构，依据国家有关新闻工作的法律法规、《中华全国新闻工作者协会章程》、《中国新闻工作者职业道德准则》、《中国记协新闻道德委员会章程（试行）》等开展工作，规范职业行为，防范失德风险，推广典型经验，推动行风建设，建立完善内部管理与外部监督相结合、自律与他律相结合的工作机制，引导督促新闻机构及新闻从业人员遵守法律法规、承担社会责任、恪守职业道德。成立以来，中国记协新闻道德委员会接受举报投诉、开展新闻评议、发出倡议引领、加强日常监测，对加强职业道德建设、治理突出问题、推动新闻事业健康发展发挥出积极作用，受到社会各界普遍肯定。

（二）我国新闻道德自律组织的职能

新闻道德自律组织的职能主要包括以下几个方面：

1. 监督和约束新闻行业的道德和职业标准

这些组织通过制定和执行相关规定，确保新闻工作者在采集、编发和传播新闻的过程中遵循道德和职业规范，避免出现道德失范和职业道德问题。

2. 咨询和指导

新闻道德自律组织通常会为新闻机构及其工作人员提供有关新闻道德问题的咨询和指导，帮助他们正确处理道德困境和问题，确保新闻报道的公正性和客观性。

3. 教育和培训

新闻道德自律组织通过培训、研讨会等方式，增强新闻工作者的道德意识和道德素质，增强他们的道德自律能力。

4. 审查和监督

新闻道德自律组织通常会审查新闻作品是否符合道德和职业标准，并对违反标准的行为进行监督和惩戒。这包括对新闻机构及其工作人员进行审查、评估和监督，以确保他们遵守组织的规定和标准。

5. 促进合作与交流

新闻道德自律组织还致力于促进不同国家、地区和国际组织之间的合作与交流，共同解决新闻道德问题，推动全球新闻行业的自律和规范。

总之，新闻道德自律组织的职能是确保新闻行业的道德和职业规范得以遵守，提高新闻工作者的素质和能力，促进新闻行业的健康发展。

二、我国新闻工作者职业道德规范

1991 年 1 月，中华全国新闻工作者协会第四届理事会第一次全体会议通过了《中国新闻工作者职业道德准则》，后历经 1994 年 4 月、1997 年 1 月、2009 年 11 月三次修订。2019 年 11 月 7 日，中华全国新闻工作者协会第九届全国理事会第五次常务理事会对《中国新闻工作者职业道德准则》进行第四次修订。修订后的准则共 7 条 31 款，立足新时代我国新闻工作面临的新形势，突出指导性，强调实践性，凸显了新准则的新境界。[①] 准则主要内容包括以下几个方面：

第一，明确提出中国新闻事业是中国共产党领导的中国特色社会主义事业的重要组成部分。新闻工作者坚持以马克思列宁主义、毛泽东思想、邓小平理论、“三个代表”重要思想、科学发展观、习近平新时代中国特色社会主义思想为指导，增强“四个意识”，坚定“四个自信”，做到“两个维护”，牢记党的新闻舆论工作职责使命，不断增强脚力、眼力、脑力、笔力，自觉遵守国家法律法规，恪守新闻职业道德，自觉承担社会责任，做政治坚定、引领时代、业务精湛、作风优良、党和人民信赖的新闻工作者。

第二，将以人民为中心放在首位，在准则第 1 条全心全意为人民服务，第 2 条坚持正

① 郑保卫，赵新宁．新时代　新准则　新要求　新境界：对新修订《中国新闻工作者职业道德准则》的解读[J]. 中国记者，2020 (1)：29 - 33.

确的舆论导向中，强调坚持以人民为中心的工作导向，保持人民情怀，及时回应人民群众的关切和期待，畅通人民群众表达意见的渠道；加强和改进舆论监督，激浊扬清、针砭时弊，坚持科学监督、准确监督、依法监督、建设性监督。

第三，突出新闻真实性原则。坚持新闻真实性原则，努力到一线、到现场采访核实，报道做到真实、准确、全面、客观。坚持网上网下“一个标准、一把尺子、一条底线”。要求新闻工作者发扬优良作风，树立正确的世界观、人生观、价值观，加强品德修养，提高综合素质，抵制不良风气，保持一身正气，接受社会监督。

第四，强调坚持改进创新，遵循新闻传播规律和新兴媒体发展规律，强化互联网思维，顺应全媒体发展要求，创新理念、内容、体裁、形式、方法、手段、业态等，适应分众化、差异化传播趋势，敢于打破思维定式和路径依赖，善于运用网络新技术新应用，不断提高传播力、引导力、影响力、公信力。

第五，提出增强法治观念，遵守宪法和法律法规，切实维护国家政治安全、文化安全和社会稳定。遵守党的新闻工作纪律，遵守新闻采访规范，尊重和保护新闻媒体作品版权。

第六，要努力培养世界眼光和国际视野，生动诠释中国道路、中国理论、中国制度、中国文化，着重讲好中国的故事、中国共产党的故事、中国特色社会主义的故事、中国人民的故事，让世界更好地读懂中国。

思考题

1. 简述新闻道德的内涵与特征。
2. 论述新闻道德对于新闻职业的重要性。
3. 简述我国新闻道德自律组织的职能。
4. 我国新闻道德自律规范的主要内容。

第二章　新闻道德原则

新闻道德是新闻传播行业、新闻媒介组织和新闻从业者在新闻传播活动中的行为准则，也是新闻机构和从业者在新闻活动中面对复杂的社会环境和诸个因素发生冲突时的理性抉择原则。陈力丹教授认为“遵从新闻从业基本准则”是马克思主义新闻观立论的基础。[①] 马克思主义新闻观中的很多经典论述都与新闻业性质和从业的基本准则有关，比如“真实是新闻的本质”，“新闻是事实的报道，不是空洞的议论”，“不偏不倚的态度和公平正义的立场”，“新闻自由是基本权利”，“报刊是人民和党的耳目喉舌的统一”等等，而这些论断恰恰也是新闻职业道德原则确立的重要基础。[②]

新闻道德原则主要围绕着全心全意为人民服务、真实性、人文关怀等方面展开讨论，本教材将从这些方面对新闻道德原则进行介绍。

第一节　全心全意为人民服务原则

一、全心全意为人民服务是新闻道德的核心

百年来，党的新闻事业始终认定自己是党的也是人民的新闻事业，坚定不移地坚持为人民服务的根本宗旨。为人民服务体现了马克思、恩格斯的新闻思想，马克思、恩格斯对新闻道德的思考最早体现在《莱茵报》办报之时，认为：报纸必须“生活在人民当中，它真诚地同情人民的一切希望与忧患、热爱与憎恨、欢乐与痛苦”。“人民立场”既是马克思主义的根本立场，也是中国共产党在革命、建设和改革中始终坚守的立场。[③] 中国共产党更是将“人民立场”贯穿于新闻事业的发展中，由此产生了报刊人民性、新闻人民观以及党性和人民性相统一等重要思想。中国共产党成立之初，就将新闻宣传工作视为党的一项重要工作来看待，成为党的事业的一部分。毛泽东同志吸收马克思、恩格斯、列宁等人的新闻宣传思想，结合中国革命与建设的具体情况，提出了新闻宣传工作的方针和原则，他多次强调全心全意为人民服务是我们工作的出发点，1965 年他给中央广播事业局的题词“努力办好广播，为全中国人民和全世界人民服务”[④]，更直面新闻工作者，为党的新闻宣传工作指明了方向。我国社会主义新闻理论观点中，历来认为党的报刊就是人民的报刊，

---

① 陈力丹．“遵循新闻从业基本准则”：马克思主义新闻观立论的基础［J］．新闻大学，2010（1）：20－28．

② 李蓓．坚持马克思主义新闻观　重塑传媒职业伦理教育［J］．中国广播电视学刊，2019（2）：63－65．

③ 韩喜平．中国共产党百年来对人民立场的坚守［J］．社会科学研究，2021（1）：1－9．

④ 中共中央宣传部．中国共产党宣传工作简史（上卷）［M］．北京：人民出版社，2022：325．

党的新闻事业就是人民的新闻事业。1938 年 3 月 30 日，“中国青年新闻记者学会”成立之时，名誉理事邹韬奋先生在成立大会上就强调：“新闻记者的活动，尤其重要的是要有正确的动机；要为社会大众的福利而活动，不要为自己的私图而活动。”被誉为新中国新闻事业的开拓者范长江先生指出：“党的报纸，不是为了赚钱，或者出风头，或者是达到个人目的，党的报纸，是人民的报纸，是为了人民的事业而创办的。”

党的十八大以来，以习近平同志为核心的党中央提出以人民为中心的发展思想，坚持一切为了人民、一切依靠人民，始终把人民放在心中最高位置，把人民对美好生活的向往作为奋斗目标。党的二十大报告指出：“江山就是人民，人民就是江山。中国共产党领导人民打江山、守江山，守的是人民的心。”必须“坚持以人民为中心的发展思想”“坚持人民至上”。党的二十大为中国式现代化背景下推进新闻舆论工作新局面指明了方向，形成了新闻舆论工作参与中国式现代化的基本架构，新闻工作者要牢记自己是党和人民的宣传者、舆论工作者，要积极践行社会主义核心价值观，坚持正确导向，为党和人民的事业作出积极贡献。

历次修订的《中国新闻工作者职业道德准则》（以下简称《准则》）都将全心全意为人民服务作为第一条，这也是《准则》最根本的一条，是新闻工作者职业道德的核心，是社会主义道德的集中体现。最新修订的《准则》充分体现了对“人民”的重视和对“人民至上”理念的恪守。在全文七条准则中，23 次出现“人民”二字，比十年前的准则增加了 10 次。《准则》第 1 条规定：“全心全意为人民服务。忠于党、忠于祖国、忠于人民，把体现党的主张与反映人民心声统一起来，把坚持正确舆论导向与通达社情民意统一起来，把坚持正面宣传为主与正确开展舆论监督统一起来，发挥党和政府联系人民群众的桥梁纽带作用。”在当今网络时代，新闻工作者更要解决好“根本方向”问题，坚持为人民服务、为社会主义服务这个根本方向。全心全意为人民服务是中国共产党的根本宗旨，宣传思想和新闻舆论工作要努力把体现党的主张与反映人民心声统一起来，始终坚持全心全意为人民服务的宗旨。

二、如何做到全心全意为人民服务

（一）牢固树立全心全意为人民服务的思想

全心全意为人民服务，是我们一切工作的根本宗旨和最高思想境界，是社会主义道德的核心，只有树立了全心全意为人民服务的思想，才有可能在新闻实践中做到为人民服务。新闻媒体和新闻工作者树立以人民为中心的工作导向，就是要在新闻工作中全心全意为人民服务，在为受众服务的问题上有高度热忱，对自己有严格要求，这样才能体现出坚持人民性的立场，也才能说明新闻媒体是有党性的。①

党的十九大报告指出，中国特色社会主义进入新时代，我国社会主要矛盾已经转化为人民日益增长的美好生活需要和不平衡不充分的发展之间的矛盾。新《准则》第 1 条全心全意为人民服务，第 2 款增加了“坚持以人民为中心的工作导向”“丰富人民精神世界”

① 郑保卫．马克思主义新闻观十二讲［M］．北京：高等教育出版社，2019：76.

"增强人民精神力量""满足人民精神需求"。第 3 款增加了"保持人民情怀""及时回应人民群众的关切和期待""畅通人民群众表达意见的渠道"。第 2 条第 2 款对人民群众的精神需求，从十年前的"塑造美好心灵"，到现在的"滋养美好心灵"。这些用词的变化，反映了对"人民日益增长的美好生活需要"的深刻认识和理解，坚持了全心全意为人民服务的宗旨，体现了新《准则》与时俱进的特征与品质。

（二）坚持党性和人民性相统一原则

党性原则是无产阶级新闻宣传工作中的一项根本原则。认识党性和人民性的关系，是我国新闻宣传工作中一个重大的理论与实践问题，坚持党性和人民性相统一原则，是党和国家对我国新闻工作的明确要求。习近平总书记在 2013 年全国宣传思想工作会议上强调"党性和人民性从来都是一致的、统一的"。他在 2016 年 2 月 19 日的党的新闻舆论工作座谈会上明确提出，要"坚持党性和人民性相统一，把党的理论和路线方针政策变成人民群众的自觉行动，及时把人民群众创造的经验和面临的实际情况反映出来，丰富人民精神世界，增强人民精神力量"。这是他对党性和人民性关系问题的新理解、新认识和新表述，是对马克思主义新闻观的新发展，是新形势下做好新闻工作的重要指南。"以人民为中心的工作导向"是党的执政理念在各项工作包括新闻工作中的实际贯彻，"以人民为中心"是新闻工作坚持人民性的基本要求。

（三）新闻报道要学会"拜人民为师，向人民学习"

我国新闻宣传工作历来有"到群众中去"的传统，毛泽东同志曾指出："我们党所办的报纸，我们党所进行的一切宣传工作，都应当是生动的，鲜明的，尖锐的，毫不吞吞吐吐。"① 毛泽东同志提出，报社采编人员应该经常下基层调研，多了解人民群众的现实生活，多积累素材，才能更好地反映群众的生活和意愿。② 新闻通过提供信息服务于大众的同时，也运用自身掌握的价值尺度，温和、均衡、审慎地向公众提供着判断和告诫，并坚持不懈地通过有吸引力的报道和记者编辑们的良好作风，获得公众的信赖。新《准则》在强调要坚持以人民为中心的工作导向时，在第四条规定"坚持走基层、转作风、改文风，练就过硬脚力、眼力、脑力、笔力，拜人民为师，向人民学习，深入了解社情民意，增进与群众的感情"；新《准则》特别增加的"拜人民为师，向人民学习"的表述，既是新闻工作者转变工作作风的重要举措，又是党的新闻宣传工作增进与群众感情的必然要求。

第二节　新闻真实性原则

一、新闻真实性原则的内涵

（一）新闻真实性原则的定义

"新闻必须真实客观"是新闻工作者的基本信条，新闻真实性源自其之所以成为新闻

---

① 毛泽东．毛泽东选集：第 4 卷．2 版．北京：人民出版社，1991：1322.

② 张恩强．略论毛泽东对马克思主义新闻宣传思想的继承与发展 [J]. 党史文苑，2023（5）：44－47.

的根本，新闻之于国家、社会、人民存在的理由是其真实客观。正如《南方周末》2006新年献词："一句真话能比整个世界的分量还重。新闻会过时，纸张会变旧，油墨会模糊，甚至信任也会偶尔消弭，只有真实、真诚才把我们的心灵与你的心灵联系到一起。"真实性作为新闻的基本属性，是新闻自身的规律所决定的，是广大读者的要求，也是报纸、广播、电视等新闻传播媒介取信于民的生命所系。关于什么是新闻真实，马克思认为报刊应当"根据事实来描写事实"，而不应当"根据希望描写事实"。"真实和纯洁是报纸的本质。"[①]《联合国国际新闻道德信条》第1条规定："报业以及所有其他新闻媒体从业人员，应尽一切努力确保公众所接受的消息绝对正确。应尽可能查证所有的消息内容，不应曲解事实，也不能故意删除重要的事实。"陈力丹教授认为"媒体呈现世界的真实程度是有限的"，"新闻的真实只能表现为一个过程"，"新闻是否真实还取决于接受者的认同"，"文化背景、政治经济体制影响对新闻真实的确认"，"符号表达意思的有限造成新闻真实的有限"。[②] 所谓新闻真实，简单地说，就是新闻对客观事实的如实反映、如实报道。

（二）新闻真实性原则在《准则》中的体现

新闻真实性是新闻的基本属性。真实性是新闻存在的基本条件，是事实新闻的本源，是决定新闻存在的基础，新闻真实是对事实的报道。真实性是从事实到新闻的必然要求，是新闻报道中主观与客观相符合的特定标志。真实性体现了新闻的基本特征、性质和要求，没有它新闻就丧失了存在的依据。同时，新闻的生命力在于受众，新闻的真实性是取信于受众的关键。

《中国新闻工作者职业道德准则》第3条规定了新闻真实性原则："坚持新闻真实性原则。把真实作为新闻的生命，努力到一线、到现场采访核实，坚持深入调查研究，报道做到真实、准确、全面、客观。1. 通过合法途径和方式获取新闻素材，认真核实新闻信息来源，确保新闻要素及情节准确；2. 根据事实来描述事实，不夸大、不缩小、不歪曲事实，不摆布采访报道对象，禁止虚构或制造新闻，刊播新闻报道要署记者的真名；3. 摘转其他媒体的报道要把好事实关导向关，不刊播违背科学精神、伦理道德、生活常识的内容；4. 刊播了失实报道要勇于承担责任，及时更正致歉，消除不良影响；5. 坚持网上网下'一个标准、一把尺子、一条底线'，统一导向要求、管理要求。"

二、新闻真实性的要求

新闻不是对事实的简单记录，新闻工作是专业性活动，新闻真实是多层次的，包括事实性的真实和过程性的真实。事实性的真实，即"新闻真实性指的是在新闻报道中的每一个具体事实必须合乎客观实际，即表现在新闻报道中的时间（when）、地点（where）、人物（who）、事情（what）、原因（why）和经过（how）都经得起核对"。[③] 过程性的真实，即新闻真实是通过过程性的报道来实现的。这个过程可以是一次性报道，也可以是多次性报道；体现了即时性的要求，新闻报道的是某一时间点上事实的真实。因为事物都是处于

① 中国社会科学院新闻研究所．马克思恩格斯论新闻［M］．北京：新华出版社，1985：107.

② 陈力丹．论新闻真实［J］．中国广播，2011（4）：7－11.

③ 杨保军．新闻真实论［M］．北京：中国人民大学出版社，2006：105.

发展中的，那么，只要在新闻报道时准确地展现了事物的当下状态就能称其是真实的。[①]

陈绚教授在《新闻传播伦理与法规教程》中从浅层次和深层次两个方面系统地分析了新闻真实性的要求，全面剖析了新闻真实性原则的丰富内涵。[②]

（一）新闻真实性的浅层次要求

（1）确有其事。

（2）构成新闻的基本要素必须准确无误。所谓的基本要素是指时间、地点、人物、结果、原因。这些都是新闻赖以生存的因素，或者说弄清楚一个事实的起码条件和基本环节。在任何一个环节上若有半点虚假，都会招致读者对整个新闻事实的怀疑。因此构成新闻的基本因素必须真实可靠，不能含糊其词。

（3）新闻中引用的各种资料必须准确无误，这里所说的引用的各种资料，主要是指数字、史料、背景材料等。它们在新闻中的作用是很重要的，如果在引用资料上出现了错误，也会使读者从整体上对新闻存疑。

（4）新闻所反映的环境、过程、细节，人物的语言、动作必须真实。

（5）新闻中所涉及的思想认识和心理活动等，必须是当事人所述。新闻的一大忌讳就是虚构情节、合理想象、添枝加叶，这是它与文学创作的一大区别。

（二）新闻真实性的深层次要求

1. 现象真实与本质真实要辩证统一

新闻报道中有具体事实，也有概括事实。我们把感官可以直接感觉到的事实称为具体事实，而把感官不能感受到的事实称为概括事实。概括事实也要符合客观实际，它要能准确地概括具体事实的全貌，这属于本质真实。在对具体事实进行概况和分析判断时，一定要符合客观实际，注意处理好现象真实和本质真实的关系。

2. 微观真实和宏观真实要有机结合

新闻报道中有个体事实，也有总体事实。报道个体事实要真实，它体现的是微观真实；报道总体事实也要真实，它体现的是宏观真实。个体事实和总体事实之间的关系是十分复杂的。总体是建立在个体之上的，但个体又不等同于总体，它有时和总体是同类的，有时只是总体的一个侧面。微观真实和宏观真实能否有机统一起来，对维护新闻的真实性至关重要。

3. 新闻报道的多层次真实

新闻的真实性是随着事实发展的真实，表现为一个认识的过程。因为信息本身有一个不断释放的过程，信息释放完毕，或者说事实的发展完结，报道的真实性才能全部展现出来。实施进展到什么程度，新闻报道的真实性只能达到什么程度。当然我们也不排斥科学的预测。

（三）客观性报道的要求

新闻真实性蕴含着客观性的要求。新闻报道的客观性表现为注重记录性、将事实与评

---

① 牛静．新闻传播伦理与法规 理论及案例评析［M］．上海：复旦大学出版社，2020：28－29.

② 陈绚．新闻传播伦理与法规教程［M］．北京：中国人民大学出版社，2016.

论分开、迅速翔实地报道重大事件。客观报道的理论要求“不偏不倚地、无私无畏地提供新闻”，避免主观主义，把事实和议论区分开。陈绚教授提出“客观报道”主要指以下几点：[①]

第一，尊重事实的客观性，正确反映新闻事实本身内涵的倾向性。这是十分重要的基础。如果事实被扭曲、失真，甚至道听途说、无中生有，就根本谈不上什么“客观报道”。

第二，在新闻报道方法上讲究客观性。高度重视“用新闻事实来说话”的原则。毛泽东在《〈政治周报〉发刊理由》一文中连续用了四个“请看事实”，生动地强调了这一点。邓小平同志也反复强调要“拿事实来说话”。他说，“我们的做法是允许不同观点存在，拿事实来说话”，要拿“改革的实际进展”为改革说话，[②]“不能拿空话而是要拿事实”来解除一些人们的忧虑，并强调说：“我们的报刊、电视和所有的宣传工作都要注意这个问题。”[③]“拿事实来说话”是新闻报道的基本规律所要求的。

第三，在评论类的报道中，强调以新闻事实为依据，做出合乎情理的分析和评议。不强词夺理，不无限上纲，不强加于人。评论类报道以客观事实为基础，记者、编辑做出的分析、评论是带有主观性的（即自己的看法），但这是从客观事实中有根有据、合情合理地引申出来的一种认识、一种说明或分析，不是游离于客观事实的。

三、调查研究是坚持真实客观的基本方法

调查研究是马克思主义者认识世界、改造世界的根本方法，是将马克思主义原理与中国实际相结合的重要环节，“重视调查研究，是我们党在革命、建设、改革各个历史时期做好领导工作的重要传家宝”。[④] 在中国共产党新闻舆论工作的百年发展历程中，党的历代领导人始终强调调查研究在党的新闻舆论工作中的重要性。从毛泽东提出的“没有调查，就没有发言权”，到习近平总书记提出的“调查研究是谋事之基、成事之道”，都是对调查研究这一党的优良传统的贯彻落实。如今中国特色社会主义进入新时代，信息化网络早已深入人民群众的日常生活，媒介技术加速更新迭代，党的新闻舆论工作面临着诸多新挑战与新机遇。[⑤] 重新审视“调查研究”这一党的新闻工作的优良传统，旨在切实走好“网上群众路线”，使广大新闻工作者深入调查，不断提高调查研究水平和新闻舆论引导能力，更好地成为“党和人民信赖的新闻工作者”，从而推进党的新闻事业发展壮大。新时代以来，习近平总书记提出了一系列有关调查研究的新论断、新思想和新表述。2016 年 2 月 19 日，他在媒体调研时指出：“新闻记者要深入调查研究，多掌握一手情况。”新闻报道要说真话，杜绝弄虚作假，报喜也报忧。对于具体的调研方法，习近平总书记提出了

---

① 陈绚．新闻传播伦理与法规教程［M］．北京：中国人民大学出版社，2016.

② 中共中央文献研究室．邓小平思想年编（1975—1997）．北京：中央文献出版社，2011：570－571.

③ 莫志斌．邓小平与毛泽东：说不尽的世纪两伟人［M］．北京：人民出版社，2004：238－239.

④ 习近平．谈谈调查研究［N］．学习时报，2011－11－21（001）.

⑤ 王仕勇，贾浩伟．百年中国共产党新闻政策研究：媒介技术变迁的视角［J］．中国出版，2021（15）.

"求深、求实、求细、求准、求效"五个要求，这是搞好新时代调查研究的科学路径。[①]《中国新闻工作者职业道德准则》要求"把真实作为新闻的生命，努力到一线、到现场采访核实，坚持深入调查研究，报道做到真实、准确、全面、客观"。

【案例】

穆青人物通讯"三真"的魅力

我国新闻报道的经典之作《县委书记的榜样——焦裕禄》是记者通过深入调查研究得来的一篇报道。它的作者之一就是著名记者穆青。据记载，穆青采写新闻时，为坚持新闻的真实性，与冯健、周原六下兰考、七易其稿。采访中，他听到焦裕禄在县城北的黄河故道南坡帮拉车人推车的情况，就找到当时在现场的人进行核实，并向参加推车的相关干部详细询问当时的情况和具体细节。听到焦裕禄下乡调研，听汇报做记录时肝病发作，钢笔掉在地上，就一定要弄清楚当时谁在现场看到的，调研室在什么地方。稿件写好送兰考县委核对，他要求："必须保证全部事实绝对无误。"[②]

穆青的事迹，正是新闻记者开展调查研究的典范，正是他深入调查、客观严谨的工作作风，《县委书记的榜样——焦裕禄》使焦裕禄的光辉形象广为人知，影响了几代人的精神世界，超越了当时的时代，具有永恒的生命力，经得住时间的考验。

【案例】

颜××"闭门造车"虚假报道

2010年12月13日，新华社某分社经核查认为，颜××存在部分稿件把家人作为采访对象的情况，违反了新华社新闻报道的有关规定。为此，新华社某分社党组研究决定，停止颜××采访报道工作，调离记者岗位。据统计，颜××共有17篇新闻报道的采访对象是其家人，其中提到最多的分别为卢东×（或卢先生）7次、阎红（化名）7次、卢小×3次，这些人分别被认定为记者本人的丈夫、姐姐和女儿；其他提及的亲属还包括其父亲、婆婆、另外一个姐姐及哥哥等多人。尤其是，在《走近被美丽谎言包围的癌症患者》这篇宣传打击虚假医疗广告的报道中，先后提到了受害者"阎大爷"及其家人"阎慧""阎利""阎红"等四人，而这些人分别为记者本人的父亲及兄弟姐妹。

做好调查研究是新闻工作的基本功，但本案中的记者不履行职责，没有深入调查研究，其撰写的新闻稿件属于"闭门造车"，多次将家人朋友作为采访对象进行报道，甚至将家人包装成"受害者"，杜撰制造虚假新闻，违背了新闻真实性的同时，也偏离了为人民服务的根本宗旨。

---

① 王仕勇，贾浩伟．"没有调查，就没有发言权"：新闻调查研究观的源起，经验与价值回归［J］．新闻论坛，2023，37（1）：19-23.

② 薛亚利．论穆青人物通讯"三真"的魅力［J］．新闻知识，2015（10）：106-108.

第三节　人文关怀原则

一、人文关怀的内涵

人文关怀原则体现的是人道主义精神，“人道主义”是一种哲学，是一种价值取向和人生态度，是一种道德原则。其根本观点是：人本身乃最高的价值或尊严。人道主义的核心内容是重视人的价值，视每个人的自由、平等、幸福为最高价值，予以合理的保护和提高，对人施之以爱。

人文关怀是从国外学术界引进的一个概念，强调从精神层面保护个体人格尊严和生命价值。正如西方人文主义研究的学者阿伦·布洛克所说：“尽管人文主义的范畴和内涵随着时代、地域的变化而不断发展，但始终坚持两个核心不变：一是以人和人的经验为关注对象；二是尊重人的尊严。”[①] “人文关怀”所展现出的时代价值和先进性已经被当代社会广泛认可和接受，其理论内涵也被逐步丰富，我国的研究者对人文关怀做了不同的定义。“人文精神是以人为本，尊重人、理解人、关心人，将人作为考虑一切事物的中心的价值取向。由于人是社会发展和历史进步的主体，人的生命状态精神需要理应得到社会的关注和重视，这样才能促进人的自由均衡、协调的发展，避免人的异化。”[②] 人文关怀是对人的生存状况的关注、对人的尊严与符合人性的生活条件的肯定和对人类的解放与自由的追求。”[③] “人文关怀就表现为对人的精神价值的重视以及对人生的根本关怀。”[④] 以上定义虽然叙述不同，但都体现了一个共同点：人文关怀，就是要坚持以人为本的理念，坚持人道主义立场，理解人情、尊重人性。在新闻报道中努力体现人文关怀是媒体文明和成熟的重要标志，人文关怀理念逐渐被我国的新闻工作者所认同和运用，并从人文关怀的角度反思新闻报道的影响和价值。

【案例】

某记者“抓拍”骑车人摔倒引争议

2004 年 5 月 9 日下午，厦门市正下着大雨，路面积水很深，某晚报一名摄影记者得知在厦禾路与凤屿路交叉路段有一处水坑，过往行人车辆很难发现，当即决定“蹲点守候”。不多久，一名骑车人冒雨经过时，因自行车前轮突然陷入水坑，身体失去平衡摔倒。摄影记者“守株待兔”地拍摄下骑车人在暴风雨中摔倒的全过程，之后，一组多个市民骑自行车在雨中栽倒在水坑的新闻照片刊发出来，被多家网站转载，在社会中引发

① 阿伦·布洛克. 西方人文主义传统［M］. 罗爽，译. 北京：九州出版社，2023：186.

② 左中甫 . 关注人的存在　写出与人的关系［J］. 新闻爱好者，2002（9）：8.

③ 俞吾金 . 人文关怀：马克思哲学的另一个维度［N］. 光明日报，2001 - 02 - 06.

④ 孙勇 . 解读“五四”时期报刊的人文关怀［J］. 新闻爱好者，2002（5）：37 - 38.

广泛争议。

很多网民指责记者守株待兔看着路人落难，“照片拍得倒是精彩，可拍照的人太缺德。明知有坑不设路障，却满怀信心地等着人栽跟头”。但也有赞扬这位记者职业道德的，如，“记者做得很好很客观，记者本来就是以旁观者身份存在才是专业的，如果其介入那么他就不是一个专业称职的记者了，他就变成义工了”。

陈力丹教授认为，“救人第一，拍摄第二”应是摄影记者的不二法则。当事的记者对一个骑车人摔倒本身不当回事的冷漠心态需要警醒。[①] 2005 年 6 月 13 日，中国记协和中宣部新闻局召开进一步加强新闻工作者职业道德座谈会，会上对于一些记者见义勇为行为的表彰实际上申明了“助人”先于“采访”的职业道德准则。[②]

二、新闻传播活动中人文关怀原则的具体体现

（一）生命至上原则

生命权对于每个公民来说，都是最基本、最重要的权利。没有了生命，公民的身体健康权、财产权以及其他政治权利都将失去依托。人的生命高于一切，生命伦理理应是传媒伦理的前提。生命至上原则意味着在任何情况下，人的生命都是最珍贵的、最至高无上的。[③] 新闻报道要体现出对生命的尊重，表现在两个方面：一是报道内容应当充分体现对生命的珍视、关怀和保护。例如 2008 年，“5·12”汶川地震报道中涌现了诸多“灾难无情人有情”的媒体报道，这些报道都强烈体现出了生命至上、平等关怀每一个生命的价值取向。二是报道过程要尊重生命。如 2006 年 7 月 10 日曹爱文在河南郑州黄河花园口采访儿童溺水事件，在救护车还没有赶到的情况下，她抛开采访工作，电话请教救人方法，奋不顾身抢救孩子，被网友称为“中国最美女记者”。2021 年 12 月 11 日，正在直播的辽宁新闻接到九岁男童遇难的消息，辽宁卫视女主持人播报新闻期间情绪失控当场落泪，得到了网友们的理解与赞赏。

王军教授对生命至上原则提出了三点启示：（1）生命的价值远远高于传媒和记者所孜孜以求的职业精神、专业主义。（2）传媒伦理不仅讲求生命至上，更应讲求平等地关爱每个生命。（3）尊重生命的伦理原则，如尊重人、不伤害、有益于人、公正对待人等最终都是指向人的生命。[④] 不同的伦理原则在一定程度上是具有位阶的，尊重生命的原则在原则冲突中，具有至高性。正如陈力丹教授所说：“生命的神圣性应当是全社会的共识，所有人都应当尊重生命、敬畏生命。请自我检查一下我们的报道，有没有对生命的轻视倾向？有没有对死亡的麻木？不论使用多么革命的语言、多么富于情感的语言来描写死亡，在和平时期，任何东西都没有任何理由凌驾于人的生命之上。”[⑤]

---

① 陈力丹，胡森林．记者职业行为的边界何在?：“抓拍骑车人摔倒”事件引发的思考［J］．新闻记者，2005（7）：9－12.

② 轶名．新闻界有太多见义勇为的热血记者：进一步加强职业道德座谈会综述［J］．中国记者，2005（7）：29.

③④ 王军．传媒法规与伦理［M］．北京：中国传媒大学出版社，2010.

⑤ 陈力丹．富士康事件报道中传媒人文关怀的缺失［J］．新闻与写作，2010（9）：54－55.

【案例】

自杀事件报道中人文关怀的缺失

2010年1月23日，××集团深圳厂区员工马某坠楼身亡，其死因引起了公众的密切关注。截至2010年5月30日，××集团深圳厂区发生员工跳楼事件十三起。这一事件引起了大规模的媒体关注，各大媒体"××N连跳"字眼铺天盖地而来。[①] 这些报道引起了学者们的关注，引发了一场关于自杀报道的伦理讨论。

自杀经常成为媒体报道的对象，关于自杀报道的道德反思是新闻伦理研究的重要议题之一，××连续性自杀事件具有典型意义。首先，媒体对自杀新闻的大肆渲染对于一些徘徊在生死边缘的人具有强大的暗示、诱导性，这就是所谓"维特效应"。其次，媒体报道中不乏"连跳""跳不断"等用词，如《××"七连跳"谜团》《××5个月来跳不断"连跳"记录还在继续》《××郑州工厂4天再现2连跳》《××5个月"13连跳"，深层次原因何在?》等。有学者指出一些传媒关于××的报道，回过头来想想，留给公众最深的印象除了"N连跳"的数字，还有什么？公众完全记不起来具体是谁，因为什么而跳楼身亡，人类的悲剧被冰冷的数字表述消弭。[②] 最后，一些报道带有娱乐化倾向，"使自杀这一人间悲剧在受众眼中幻化成了一出出喜剧、闹剧、浪漫剧，变成了受众茶余饭后的谈资笑料"，"这其实是对逝者生命的不尊重"。"网上出现的'今天你跳了吗?'等言论与传媒的报道不无关联。"[③]

（二）最小伤害原则

最小伤害原则是对生命至上原则的延伸，强调对人的身心健康等基本权利的保护。"所谓最小伤害原则，是指记者对待公众要公正、尊重，甚至给同情。同情可能因报道受到伤害的人；谨慎处理儿童和未成年人的新闻；谨慎使用陷于悲痛和失去理智的人的照片；只有公众利益迫切需要时才侵入他人私生活领域等。"[④] 最小伤害原则来源于西方新闻道德规范，"采访悲伤的人，特别是在事故中失去了配偶、儿女或父母的人"常常被记者们认为是最害怕的采访任务，西方新闻界以"最小伤害"为准则，[⑤] 在美国职业新闻记者协会《职业伦理规范》1996年9月修订版中，专设"将伤害最小化"一章。主要内容有：对那些可能因为新闻报道而受到负面影响的人们表示同情。在对待儿童和无经验的消息来源或报道对象时，具有特殊的敏感性。当采访和使用正在悲伤中的人们的照片时，要特别小心。要认识到采集和报道信息可能会造成的伤害和不适，报道新闻并不意味着你就可以傲慢无礼。要认识到，一般人比公共官员和追求权力、影响和希望引起人们注意的其他

---

① 李嘉骅．媒介事件的社会建构及其传播场域研究：基于"××跳楼事件"的报道分析 [J]. 东南传播，2011 (10)：42-45.

② 陈力丹．2005年我国新闻传播学研究的12个新鲜话题 [J]. 新闻传播，2006 (3)：4-10.

③ 金婧．对媒体关于"××自杀事件"报道的思考 [J]. 传媒观察，2011 (12)：29-30.

④ 龙新华，蒋多．重大灾难事件报道中的人文关怀 [J]. 青年记者，2008 (26)：2.

⑤ 陈昌凤，王雪冬．灾难报道请恪守"最小伤害"原则 [J]. 青年记者，2008 (18)：41-42.

人，有更多的权利保有关于自己的信息。只有当有十分迫切的公共需要时，侵入他人的私人领域获取信息才是正当的。品位要高，避免迎合任何低级趣味。在交代青少年犯罪嫌疑人或性犯罪受害者的身份时，要非常谨慎。在正式指控文件出来之前指明犯罪嫌疑人时，要非常审慎。在犯罪嫌疑人被公正审判的权利与公众的被告知权之间进行平衡。其规定不可谓不详尽，包含了各种最小伤害原则的适用情形。最小伤害原则要求在采访灾难报道、自杀报道、青少年报道、刑事案件等时，要审慎地对待采访对象和内容，并报以尊重和仁慈的态度。

【案例】

某航空公司坠机事故报道中人文关怀的缺失

2022年3月21日，某航空公司的一架客机MU××××在从昆明到广州的飞行任务中，在广西壮族自治区梧州市藤县上空突然坠毁。事故发生后，很多媒体都聚焦遇难者和遇难者家属，尝试进行深度报道。例如：某周刊3月23日发布的一篇深度报道《我愿意讲述：姐姐姐夫都在那架飞机上，还有1岁半的外甥女》。这一报道聚焦在遇难的一家三口，通过家属自述的形式向我们呈现了遇难者的真实故事。有人评论道：媒体的意义就是让我们看到遇难者数字背后一个个鲜活的个体。这篇报道阅读量10万+，转发2.6万，无疑是一篇成功的报道。但是在事件发生24小时左右，某刊物的一篇深度报道《MU××××航班上的人们》在获得极高阅读量的同时也引发了人们的争论：在这个时候就发布了这么一篇反映大量受害者的报道，究竟是"及时、客观、专业的报道"还是"吃人血馒头的丑陋嘴脸"？

在事发不到24小时的时间里，《MU××××航班上的人们》就发表了，该文收集到了大量的遇难者信息，并对他们的身份和故事进行还原。但这篇报道被指有很多猜测臆想的成分，同时，它对悲伤情绪的放大，用悲情化的叙述方式来换取读者的情绪价值和流量，也是它引发争论的一个原因。这样的报道方式偏离了灾难新闻报道的本意，也造成了新闻的人文关怀缺失。①

【案例】

小悦悦事件

2011年10月，一出惨剧发生在佛山南海黄岐广佛五金城：年仅两岁的女童小悦悦走在巷子里，被一辆面包车两次碾轧，几分钟后又被一辆小货柜车碾过。事件发生后的几分钟内，在小悦悦身边经过的18个路人，都选择了离开。最后，一位拾荒的老人陈贤妹把小悦悦抱到路边并找到她的妈妈。自从小悦悦被碾轧的视频在网络上传播之后，

① 李亚兰．建设性新闻视角下重大突发事件报道策略研究：以东航坠机事故为例［J］．传媒论坛，2022，5（10）：4－8.

各大电视台也开始进行轮番播放，18个冷漠的路人无疑成为各大媒体报道的焦点，媒体特别强调18个路人中，“没有一人伸出援手，也没有人打电话求助，就这样看两眼，走开了”。在报道中列举每一位路人的衣着特征和倒在血泊中女孩的种种反应，或者在监控视频中着重标出每一位路人。

在“小悦悦事件”中，媒体对于失去了女儿的父母进行了指责式的采访，多次质问其为什么没有看好孩子；同时对于陈贤妹老人进行了过度采访，给老人生活带来很大的干扰，迫使老人回到老家躲避。

第四节　新闻道德原则的冲突与协调

在同一个道德体系当中，不同的价值因素可能会相互冲突，道德原则可以帮助我们作出较为明智的抉择。在媒体竞争日益白热化的今天，诚实、公正、同情、尊重等这些基本的道德规范时常遭遇新奇、刺激、重大、轰动等“新闻价值”的挑战。新闻工作者时常面临着职业道德和社会道德的冲突困境，这些都迫使人们重新思考新闻道德问题。

一、中庸之道，把握尺度

东西方的伦理理论中，都有“中庸之道”的伦理原则。公元前5世纪的孔子提出“中庸之为德也，其至矣乎”（《论语·雍也》），据朱熹注，为不偏不倚、无过无不及之意。孔子提出“中庸之为德也，其至矣乎”，他认为品德高尚的人仁慈、友善、慷慨，最重要的是和谐，并实时秉持中庸，孔子认为美德就是两端之间的中庸之道。在西方，公元前4世纪的亚里士多德认为，幸福，也就是“良善的生活”，是人类最高的善。亚里士多德从良善的生活这个观念出发，提出行为的道德基础是人和人的行为，而不是特殊的规则。亚里士多德认为，美德存在于两个极端之间。“过度与不及都破坏完美，唯有适度才保存完美。”亚里士多德说：不论是善行与恶行之“中”，还是大小恶行之“中”，都不是“中庸”，适当遵守道德的行为，即所谓“中庸”。“精神美德就是在两个极端之间的正确位置”，这是一种“求中”的原则，强调“适度”和“节制”。

在新闻传播活动中，中庸的原则就是新闻传播的公正性，既包括传播者对新闻事实秉持“不偏不倚”的中立立场，避免走极端；也包括新闻传媒为争议双方提供平等利用媒介的机会。① 记者应该以整体事件和整体利益为出发点，追求中庸。在面对冲突时，可以用中庸之道解决，对于争议性的事件，在一定情况下，采用“中庸”的方式解决不失为一种好的解决办法。如在禁止一切烟草产业与允许不受节制的烟草制品促销之间，多数国家都采用了中庸的解决方法，即允许烟草产业的存在，但禁止在电视台播放烟草广告并要求在

① 王军．传媒法规与伦理［M］．北京：中国传媒大学出版社，2010.

香烟包装上印制警告标识。[①]

二、波特图式

哈佛大学的拉尔夫·波特博士设计的波特图式是一个道德推理模式，将道德分析和决策过程作为按照定义、价值、原则和忠诚四个方面逐步推演和循环的有机系统。波特图式并不是新理论，在2000年克利福德·G. 克里斯蒂安的《媒体伦理学》一书中就提到了波特图式，并将它作为一种重要的实际参照模式；我国新闻界也有研究者利用波特图式来分析道德现象。

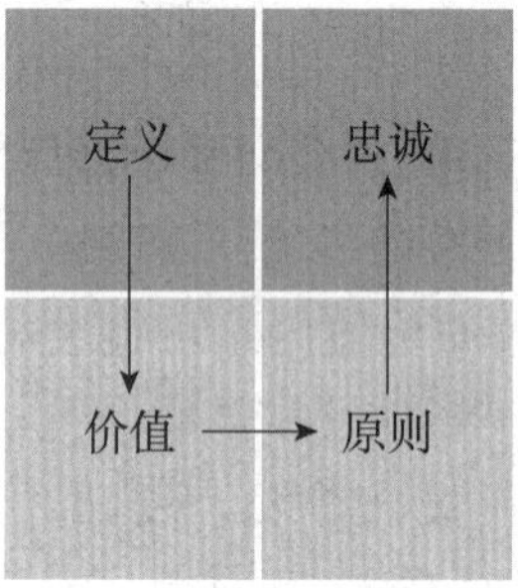

波特图式

（一）定义情况

定义情况就是要分析案例的具体情况，即所报道的细节，经验性事实。波特图式强调任何时候都要认真对待细节，认为分歧主要是由看问题的角度不同引起的。

（二）确认价值

确认价值指媒体在报道时的价值观念。在媒体报道时的选择中，往往有几种价值观产生作用，价值观念是人类行动的动机，是人类特有的标志，其中既有积极的价值又有消极的价值，这些价值渗透在媒体行为的各个方面，使他们做出的反应倾向于某些方面。

（三）提出原则

原则是由这些与道德原则相结合的价值所设立，指媒体在行动中具体遵守什么样的专业规则，它有助于决定哪些价值更可取。这些原则可以是中庸之道、康德的绝对律令、效益主义、正义论、仁爱等，它们都可以作为道德选择过程中的依据和指南。

（四）选择忠诚

选择忠诚指媒体的报道忠实于谁或哪个社会集团，也就是说报道为谁而做，谁能从中获益。新闻记者忠诚的对象有很多，比如读者、采访对象、消息来源、法官、广告主等，而在实际操作中，并没有一个普遍适用的忠诚准则。

很多情况下，波特图式可以帮助思考新闻道德价值冲突时的两难问题，如报道事实与保护隐私的冲突，隐性采访的选择等。其实很多情况下波特图式很难告诉人们在面临两难

① 牛静．新闻传播伦理与法规：理论及案例评析［M］．上海：复旦大学出版社，2020：28-29.

选择时该怎么做，而是把人们在做选择时的思维过程解构给人们看。所以说，波特图式的价值更多的是分析问题，而非解决问题。

思考题

1. 请阐述如何做到全心全意为人民服务。
2. 什么是新闻真实性原则？新闻真实性有哪些要求？
3. 请谈一谈对生命至上原则的理解。
4. 什么是最小伤害原则？

第三章　新闻道德失范

“失范”二字，字面意思为没有或失去规范，法国社会学家涂尔干对其的定义为“社会行为规范处于非常模糊不清或基本失效的一种社会状态”。失范是指社会行为主体在进行交往时脱离了正常的社会秩序或伦理轨迹，违反了一般性的行为规范或道德规范，主要表现为弱化、缺失或失控的一种现象。失范行为往往会导致受众失去正确的价值导向，破坏社会的正常秩序，损害国家或个人利益。“新闻道德失范”中的失范现象，指的就是新闻媒体与自身应尽职责和义务背道而驰的非规范行为。

新闻道德失范按照不同的标准可以有如下分类：按照与法律的关系，新闻道德失范行为可分为不合理也不合法的新闻道德失范行为，如严重的新闻腐败、新闻寻租、新闻侵权行为；合法而不合理的新闻道德失范行为，如记者采访权滥用、歧视性语言等；合理而不合法的新闻道德失范行为，如舆论监督中的隐性采访涉嫌侵犯隐私权。按照与道德原则的关系，新闻道德失范行为可分为违背客观事实，制造虚假新闻；违背为人民服务，产生新闻腐败；有失公平正义，激化社会矛盾；违背人文关怀，造成他人伤害；违背中庸精神，致使新闻失当；等等。但是，在现实生活中，新闻道德失范行为往往与道德原则不存在一一对应的关系，而是涉及多个原则的违背。新闻道德失范较为典型的有：虚假新闻、新闻寻租、新闻歧视。

第一节　虚假新闻

一、虚假新闻概述

虚假新闻违背了新闻真实性原则，近二十余年来，鉴于虚假新闻报道愈演愈烈，中宣部、国家广播电视总局、中国记协以及其他组织通过制定政策、发起专项教育活动和打假活动，积极采取措施来应对新媒体环境下的虚假新闻顽疾，取得了很多成绩。[①] 如《新闻记者》编辑部推出“年度十大假新闻”的专题策划，从每年诸多虚假新闻报道中选取“最典型、影响最广、性质最恶劣”的 10 个案例，加以梳理和剖析。[②]《新闻记者》自 2001 年起，每年评选“年度十大假新闻”（2019 年改为《年度虚假研究报告》），在学界业界都产

① 刘自雄，任科．现代性、后现代性与虚假新闻：关于虚假新闻几个基本理论问题的探讨［J］．现代传播（中国传媒大学学报），2012，34（8）：38－41．

② 年度传媒伦理研究课题组，刘鹏，王侠，等．2021 年传媒伦理研究报告：暨 2021 年虚假新闻研究报告［J］．新闻记者，2022（1）：3－18．

生了较大影响。

虚假新闻是指以虚构事实为依据的“新闻”。[①]关于虚假新闻的类别：1999年新闻出版总署颁布的《报刊刊载虚假、失实报道处理办法》将虚假新闻划分为假新闻和失实新闻两种形态，涵盖的规范对象包括新闻报道和纪实作品。有学者对各类传播现象进行了再类型化，有的将其划分为三种形态：假新闻、失实新闻、公关新闻（或称为策划新闻、商业炒作、疑似新闻）。[②] 也有人将其划分为假新闻事件、假新闻报道、新闻炒作与新闻失实四种类型。[③]

（一）假新闻

假新闻是指“没有任何客观事实根源的‘新闻’，即假新闻依据的‘新闻事实’是想象、臆造、捏造的产物，是通过想象思维虚构的‘事实’。假新闻是在性质上相对（真实）新闻存在的一个概念，描述的是在形式上、姿态上完全具备新闻的特征，但实质上没有新闻本质特性（真实性）的‘新闻’”。[④]

【案例】

记者应理清“合理想象”与“文学想象”

通讯《九米拼搏》讲述的是一位司机毛计三，拉着一大客车人过铁路的一瞬间，车熄火了，正好火车开过来了，千钧一发之际，他利用车的惯性猛打一把方向盘，尽可能使车头顺着火车头的方向。当时火车也在紧急刹车，两车相撞，结果毛计三牺牲了，车上大部分乘客生还。下面是相关摘录：“他（毛计三）绝对没有想到，开车十年，铁轨不知越过万千次的他（这是文学描写，新闻中的事实必须是准确，到底是一万次还是一千次呢?），竟会面对面与列车遭遇。……焦灼、紧张、懊丧似无数钢针刺着他的心，要是有一米的宽余，或者再有一米的延宕就好了（这属于心理描写，怎么知道那一瞬间他处于什么心理状态?）他可以避开撞击，可以将客车倒出来。……他知道，只有将车头顺着火车前进方向偏转过去，避免垂直方向相撞，才能让乘客安全……。”这都是心理描写，因为毛计三已牺牲，记者的这类描述属于“合理想象”，诸如此类的新闻属于文学想象。

（二）失实新闻

失实新闻，是指“具有事实依据，但没有全面、正确、恰当报道新闻事实而形成的新闻”。[⑤] 马克思说“不真实的思想必然地、不由自主地要捏造不真实的事实，即歪曲真相、制造谎言”[⑥]。联合国教科文组织国家问题交流委员会认为：“从严格的措辞意义上说，新闻失实就是用不准确和不真实的报道代替确凿的事实或是通过使用一些具有轻蔑意义的形

①② 杨保军．认清假新闻的真面目［J］．新闻记者，2011（2）：4-11.

③ 赵振宇．进一步厘清虚假新闻概念的几个层次［J］．新闻记者，2011（6）：62-65.

④⑤ 杨保军．假新闻、失实新闻内涵辨析［J］．今传媒，2008（3）：10-12.

⑥ 马克思，恩格斯．马克思恩格斯全集：第1卷［M］．2版．北京：人民出版社，1995：415.

容词和千篇一律的陈词滥调，将带有偏见的解释编入新闻报道之中。”

【案例】

“产妇因医疗事故死亡”新闻失实

2014年8月10日下午，某县妇幼保健医院一名张姓产妇，在做剖官产手术时，因术后大出血而不幸死亡。张女士的家属认为，她是非正常死亡，医生在抢救方面存在问题，且医院方面一直没给家属一个关于推迟死亡时间原因的确切答复。该事件经媒体报道后引发关注，某县卫生局、司法局介入调查。2014年9月11日，某县产妇死亡事件鉴定出炉，鉴定结果为不构成医疗事故。

本案例属于典型的偏听偏信的失实新闻。它具有产妇不幸的事实依据，但没有全面、正确、恰当地去报道这个新闻事实，相关媒体机构不做深入的调查研究，仅凭患者家属一面之词，妄下结论，造成了严重的失实报道，引导了错误的舆论，造成了对医护人员的误解，也加剧了医患矛盾。

二、虚假新闻的特点

（一）带有欺骗性，使人难辨真假

虚假新闻往往披着新闻的外衣，时间、地点、人物等要素齐全，在形式和写作风格上模仿新闻报道，有的新闻甚至经过新闻规范程序的层层把关，让人很难辨别真假。

【案例】

记者自编自导假新闻　称小笼包馅料为废纸箱

2007年7月8日，某电视台播出了一期题为“纸做的包子”的节目，内容为记者暗访一无照加工点，该加工点使用废纸箱为馅制作小笼包并出售。节目播出后，公众极为震惊，也引起政府部门的关注。后经证实这是一起记者自编自导的假新闻。8月12日，该报道的记者以损害商品声誉罪被北京市第二中级人民法院判处有期徒刑1年，并处罚金1000元。

该案例中，记者无中生有，自编自导一则假新闻，该新闻在电视台一经播出，引起广大群众强烈反响，一时间人人自危，给小笼包制作商带来难以弥补的损失，普通人真假难辨，最后经工商、公安等多个国家机关联合查证，才揭示出这个假新闻内幕。

（二）利用社会热点话题，迎合受众“口味”

假新闻往往以社会热点问题为卖点，杜撰新闻事件或新闻细节，或取令人咋舌的标题，引起受众的猎奇心理和心理预期，在社会上造成轰动效应，如利用医患矛盾话题，炮制医疗事故，利用校园欺凌话题，曲解校园偶发事件等。

【案例】

失实新闻“外国帅哥北京扶摔倒大娘 惨被讹诈急哭”

某媒体报道：2013 年 12 月 2 日，北京朝阳区一名女子在经过一个骑摩托车的外国人旁边时，突然摔倒并且倒地不起。外国小伙下车搀扶该女子时，此女子自称被他撞倒，并死命抱住对方不撒手，这急哭了外国小伙。经医生检查、X 光拍摄后诊断该女子并未受伤，女子随即再度瘫软大呼难受。最后经调解，外国小伙不得不支付 1800 元“医药费”，女子方才作罢离开。不久，事件出现逆转。北京市公安局官方微博发布监控录像，监控录像证实了是外籍男子的摩托车撞上了在人行横道上行走的李女士。经查明，该外国男子无驾驶证，所驾驶的摩托车也无牌照。当时拍下新闻照片的是一个摄影记者，2 日上午，该摄影记者刚到现场看到的是中年女子躺在地上，外国小伙子上前去扶，随后他将拍下的 8 张照片向媒体发布，并命名“外国帅哥北京扶摔倒大娘 惨被讹诈急哭”。从 3 日凌晨 2 点 30 分起，网上就广泛转发此内容。

这是一则严重失实的新闻。新闻报道中的人物、时间、地点等要素都正确，但是最重要的对事件经过的陈述却是错的，故而构成了严重失实。这一事件利用社会舆论普遍关注的“扶老人被讹”和“碰瓷”的问题，并配以外国小伙一脸委屈的图片进行误导。

（三）借助于新媒体平台迅速传播

互联网时代，人人都可以是发声者，也可以是传播者，给了假新闻滋生的土壤和迅速蔓延的条件。互联网时代，社交媒体发布信息，引起网民关注并转发，如果新闻机构跟进的过程中，为追求时效性，出现失察的过失，将使假新闻披上的“合法外衣”，因此，对于网络热点事件，新闻机构应发挥新闻专业性素养将其一查到底。

【案例】

某都市报打假网帖正视听

2016 年 2 月 6 日晚，网友“想说又说不出口”在上海本地的网络社区篱笆网发帖称自己是正宗上海人，外企的员工，长相一般，谈了一个男朋友，但是父母认为男方是外地人且买不起房，所以极力反对，自己也有点动摇。春节在男友的要求下去男方老家××农村过年，吃完了第一顿晚饭就逃离了××农村，决定分手。发帖人晒出了晚饭照片称，当晚的年夜饭菜让她想吐，直言“比我想象的要差太多”。

2016 年 2 月 21 日，某都市报发布《“上海女孩逃离××农村”事件：假的》对该事件进行辟谣，报道称：记者从网络部门获悉，“上海女孩逃离××农村”事件从头至尾均为虚假内容。自称“上海女孩”的发帖者不是上海人，是上海周边某省的一位有夫之妇徐某某，春节前夕与丈夫吵架，不愿去丈夫老家过年而独自留守家中，于是发帖宣泄情绪。

该事件是典型的“网帖新闻化”造成的假新闻，某都市报经过调查对该事件进行了辟谣，以正视听，及时阻止了事件的进一步传播和舆论的发酵。

（四）具有危害性

虚假新闻的危害性主要体现在损害了新闻媒体的公信力，以及新闻当事人人身或财产利益，如“纸做的包子”事件中对包子商户的损害，引起的舆论还有可能危害社会风气，如造成恐慌、愤怒等不良社会情绪。

三、治理虚假新闻的对策

（一）严格新闻从业准入制度，提升从业者“素养”

虚假新闻违背了新闻的基本理念和专业精神，虚假新闻产生的原因方面，除了社会环境因素和新闻生产机制因素外，更大的原因是从业者素养的问题。应坚持新闻专业主义，严格新闻从业准入制度，尤其加强对新兴媒体的从业准入的管理。在从业人员的培训方面，一是要加强对传统媒体新闻工作者的培训，使其能够应对互联网环境下新闻生产方式的变化，当好信息“把关人”，并起到新闻专业性和道德的引领和示范作用。二是要加强对网络新闻编辑及互联网新闻信息服务相关从业人员的培训，在新闻职业操守、专业素养、虚假新闻鉴别、相关法律法规等方面加强培训；就互联网法律法规、互联网虚假新闻防范方法等，由省级行业主管部门组织对网络总编辑群体进行轮训和认证考核，确保应知应会，杜绝一味追求商业利益或影响力。

（二）媒体机构加强管理

新闻媒体机构要加强内部管理，加强对新闻生产流程的管理，注重审核和把关，尤其是对网络内容来源的核实。还要加强内部监管，要让制度成为带电的高压线。新媒体平台由总编辑牵头，对杜绝虚假新闻的各环节进行制度设计，对制造、转载虚假新闻的责任人按照情节、影响进行责任追究，提高违规成本。[①]

（三）新闻行业加强自律

发挥新闻自律规范的作用，加强行业内的监管。《中国新闻工作者职业道德准则》明确规定了新闻真实性原则的要求，“根据事实来描述事实，不夸大、不缩小、不歪曲事实，不摆布采访报道对象，禁止虚构或制造新闻，刊播新闻报道要署记者的真名”，“摘转其他媒体的报道要把好事实关导向关，不刊播违背科学精神、伦理道德、生活常识的内容”，“刊播了失实报道要勇于承担责任，及时更正致歉，消除不良影响”，详细规定了禁止虚假新闻的规范，各级行业自律组织还应完善相关治理机制发挥日常监督功能。

（四）健全法律法规，完善政府监管

要有效遏制虚假新闻，必须健全法律法规，加大行业外部的惩戒力度。我国已经有部分法律法规是针对虚假新闻现象的。比如新闻出版署 1999 年公布的《报刊刊载虚假失实报道处理办法》就有“报纸期刊刊载虚假、失实报道和纪实作品，有关出版单位应当在其

---

① 夏胜为．网络虚假新闻的传播路径与防范对策：以《生孩子有补助了，明年 1 月起实施》假新闻为例［J］．传媒论坛，2018，1（16）：125－126.

出版的报纸、期刊上进行公开更正，消除影响；致使公民、法人或其他组织的合法权益受到侵害的，有关出版单位应当依法承担民事责任”的规定，2011年新闻出版总署公布了《关于严防虚假新闻报道的若干规定》，对于治理虚假新闻作出了较翔实的规定，其中规定：严格实行新闻稿件审核的责任编辑制度和新闻稿件刊播的总编辑负责制度，明确采编刊播流程各环节的审稿职责，坚持“三审三校”，认真核实新闻来源和报道内容，确保新闻报道真实、客观、准确。同时，也规定了新闻机构及其知闻记者如果报道虚假新闻，所受到的行政处罚有通报批评、责令限期改正、责令公开检讨、责令新闻机构主要负责人引咎辞职等。这些法律法规对于虚假新闻的产生起到了一定的遏制作用，同时还需要相关主管部门和政府加大监管力度和执行力度。

第二节　新闻寻租

一、新闻寻租的内涵

寻租是利用资源通过政治过程获得特权从而构成对他人利益的损害大于租金获得者收益的行为。“新闻寻租”与经济利益直接相关，是新闻传播学界引入经济学界“寻租”概念之后提出的。瑞士经济学者G. 霍斯普（G. Hosp）在克鲁格和塔洛克“寻租社会”的基础上，提出了“媒体寻租社会”的概念。他指出，媒体凭借左右公众“注意力”的强大威力，带来非经济的好处，进而可以转化为相应的经济利益，即各种形式的媒体租金。[①]我国学者认为“新闻寻租是指新闻界或新闻从业人员利用新闻宣传和舆论监督的权力，转移财富分配，为团体或个人谋求不正当利益，获得、索取好处的一种行业腐败行为，同时也是对其他社会利益造成损失的一种非生产性寻利活动”。[②]“新闻寻租指新闻媒体以社会赋予的话语权为资本，谋取不正当经济利益的行为，具体是指媒体工作者利用手中的权力，以信息不对称作为基础，谋求个人及某个小团体的私利，出卖人民利益的做法”。[③]传统的新闻寻租行为，其主体通常为单个的新闻从业人员，他们的寻租活动通常表现为：接受以劳务费为名义的红包、礼金等和各种消费、好处，为对方刊发软性新闻稿；以内参、曝光等为要挟，迫使对方提供钱、物等好处等；以新闻为诱饵换取经营利益（如广告、发行）或赞助。而当前新型的新闻寻租，已经演化为以媒介为主体的集体寻租行为，往往整个编辑部门从上至下确立与广告人员紧密结合、为广告服务的方针，媒体作为整体主动参与到寻租过程中，积极为自身（即媒体本身）创造更大的利润。或者针对大广告主量身定做栏目，采用新闻策划的形式，混淆新闻与广告的界线，使新闻与广告浑然一体；或者编辑部门以负面新闻为要挟再由广告部门跟进，以刊登广告为条件换取负面新闻撤版。这样

① 刘颂杰. 中国媒体同业批评的回顾与思考：以新闻寻租为视角［J］. 新闻记者，2014（6）：74－79.

② 王博. “新闻寻租”何以成为“常规行为”：从制度经济学视角解读新闻寻租［J］. 兰州学刊，2008（12）：167－169.

③ 牛妍. 新闻寻租与媒体公信力［J］. 声屏世界，2021（12）：41－42.

的集体寻租行为的最大特点是编辑部门和广告部门分工明确，有计划有步骤地寻租，而受益者是集体，个人同时也有获益。[①]

二、新闻寻租的表现形式

关于新闻寻租的表现形式，学者们见解并不相同，王军教授认为媒介寻租的表现形式包括传统媒体寻租形式，如中央级媒体和各级党报、中央级媒体地方记者站等利用“准权力”换取政治、经济、社会利益，将频道、版面资源的社会资本转换为经济资本；网络寻租形态，网站利用新闻二次传播的垄断地位，实现第二次新闻寻租。具体有混淆新闻与广告的界线、新闻介入商业策划活动、恶意同谋、制造所谓新闻事件、新闻敲诈、新闻角色与商业角色混同、贿赂新闻收购新闻传播权、新闻掮客等表现形式。[②]

《中国新闻工作者职业道德准则》第 4 条“发扬优良作风”中规定“坚决反对和抵制各种有偿新闻和有偿不闻行为，不利用职业之便谋取不正当利益，不利用新闻报道发泄私愤，不以任何名义索取、接受采访报道对象或利害关系人的财物或其他利益，不向采访报道对象提出工作以外的要求”，此项规定包含了有偿新闻、有偿不闻和新闻敲诈的新闻寻租行为。

（一）有偿新闻

《新闻学大辞典》中对“有偿新闻”的解释是新闻机构向要求刊播新闻者收取一定费用的新闻。[③] 在学界，有偿新闻定义为：凡在采访中直接或间接获得了采访对象的好处，包括金钱、礼品、招工招干入学、旅游、娱乐、餐饮等，不论其价值多少，并撰写出稿件或制作出节目公开发表或播出，不论其稿件或节目是否具有新闻价值，均可视为有偿新闻行为。[④] 也有将“有偿新闻”定义为：“新闻传播活动中，希望获得媒体宣传报道的个人或组织，或者不希望媒体对不利于自己的有关信息进行报道的个人或组织，向新闻从业人员提供金钱或实物，以获得事实上的宣传报道或不报道的行为。它既可以是希望（或不希望）获得媒体宣传报道的个人或组织主动向新闻从业人员提供金钱或实物从而获得宣传报道（或不报道）的行为，也可以是新闻从业人员以为个人和组织进行宣传报道（或不进行宣传报道）为条件向被报道对象主动索要钱物的行为。”[⑤] 从以上定义中，可以看出有偿新闻有广义和狭义之分，广义上包括了有偿新闻、有偿不闻；狭义上仅指有偿新闻。

---

① 陈韵博．新型新闻寻租现象剖析 [J]．国际新闻界，2005 (3)：65－69.

② 陈翔．“新闻寻租”的表现形式 [J]．新闻界，2005 (1)：82－83.

③ 甘惜分．新闻学大辞典 [M]．郑州：河南人民出版社，1993.

④ 贾昭衡，黄家琦，刘长江．建立严格而可操作的自律机制：防范有偿新闻的若干建议 [J]．新闻记者，2004 (7)：30－32.

⑤ 邓名瑛．“有偿新闻”的伦理批判 [J]．伦理学研究，2005 (6)：87－90.

【案例】

《某快报》记者陈××受贿抹黑中联重科

2012年3月至2013年7月25日，陈××在《某快报》相继发表十余篇关于中联重科的新闻稿件。2013年10月18日，《某快报》记者陈××被长沙警方以“涉嫌损害商业信誉罪”拘留。10月23日和24日连续两天，《某快报》在头版显著位置相继登出《请放人》《请再放人》的新闻。与此同时，在微博上掀起了维护记者权益的轩然大波。10月27日，《某快报》宣布收回对陈××的辩护，承认报社在陈××被逮捕后存在不当行为，并向社会各界致以歉意。10月28日，陈××在中央电视台新闻中现身，承认自己受人指使、拿人钱财、行事不端。其收受逾50万元费用的供词使人震惊。事后，《某快报》迅即道歉。2013年10月30日，长沙市岳麓区人民检察院对陈××以涉嫌损害商业信誉罪批准逮捕。

《某快报》记者陈××收受“要求刊播新闻者”的贿赂，发表失实报道抹黑中联重科，他还向民警坦承，为显示自己有能耐，获取更多的名利，他受人指使，不仅严重违背了新闻记者的道德准则和新闻真实性原则，还触犯了法律，构成犯罪。而报社对稿件的审核把关不严，事发后报纸采取的不当做法，严重损害了媒体的公信力。

（二）有偿不闻

有偿不闻，也就是接受金钱或某种利益后对发生的新闻事件哑口不言，不报道。① 有偿不闻就是新闻单位或个人主动或被动，直接或变相收受报道对象及其利害关系人的财物或其他利益，对本该报道的新闻事件不报道或有选择性地不揭露某个新闻细节的行为。

【案例】

记者收受“封口费”隐瞒重大事故

2008年7月14日，河北省张家口市蔚县李家洼煤矿新井发生特别重大炸药燃烧事故。这起事故发生后，有多家媒体工作人员前往采访，为隐瞒事故，矿主出钱向部分人员支付了“封口费”。《中国新闻出版报》记者从新闻出版总署新闻报刊司了解到，经核实有8家媒体的10名工作人员收受了“封口费”。

收受“封口费”的媒体从业人员的严重违法违规行为，不仅败坏了新闻记者的良好社会形象，而且损害了媒体的公信力。其中多家媒体以报道蔚县煤矿矿难相要挟，进行不同程度的索贿，其行为甚至构成了新闻敲诈。

① 赵锐莉．浅谈有偿新闻和有偿不闻的危害［J］．渭南师范学院学报，2013，28（11）：140-142.

（三） 新闻敲诈

新闻敲诈是新闻工作者通过手中掌握的新闻信息对当事人或利害关系人进行的敲诈勒索行为。敲诈勒索是实施威胁或者要挟的方法，强行索取财物的行为。

【案例】

某财经网新闻敲诈案

某网站曾是国内知名的财经媒体，有自己的采编团队。自 2010 年 4 月起，该网站与 100 多家 IPO 企业、上市公司建立了合作关系，收取每家企业 20 万至 30 万元的费用，累计数亿元。

该网站通过公关公司招揽介绍和业内新闻记者物色筛选等方式，寻找具有“上市”“拟上市”“重组”“转型”等题材的上市公司或知名企业作为“目标”对象。对于愿意“合作”的企业，在收取高额费用后，通过夸大正面事实或掩盖负面问题进行“正面报道”；对不与之合作的企业，在该网站等平台发布负面报道，以此要挟企业投放广告或签订合作协议，单位和个人从中获取高额广告费或好处费。

该网站新闻敲诈案中的相关嫌疑人被处以刑事处罚。2015 年 4 月 30 日，国家新闻出版广电总局向社会通报了对该网站新闻敲诈案件的行政处理情况，该网站被责令停办。

该网站对与之合作的企业，夸大正面事实或掩盖负面问题；对不与之合作的企业，发布负面报道恶意攻击，以此获取商业利益。这种“新闻传播变异为新闻牟利、舆论监督变异为舆论敲诈”的行为，属于典型的新闻敲诈，严重违背了新闻职业操守和国家法律制度，触犯刑法。

三、新闻寻租产生的原因及危害

（一） 产生的原因

1. 外部因素

在一些案例中，无论是有偿不闻的封口费还是新闻敲诈，之所以能够有“市场”，是因为人们信息公开观念比较淡薄和法律意识不强。比如矿难案例中，有些官员信息公开观念淡薄，仍存在“瞒报”的侥幸心理，漠视公众的知情权。在某财经网新闻敲诈案中，当上市公司遭遇新闻敲诈时，第一时间想到的不是寻求警方帮助，而是考虑如何封住媒体的报道，如何防止公司的信息向外传播。

2. 内部因素

从新闻机构方面，新闻机构在自主经营自负盈亏的体制下，一些新闻机构把新闻也作为“经营性活动”，甚至出现有些新闻机构鼓励新闻记者通过各种途径为媒体创收。从记者个人方面，有部分记者利用职务便利，滥用媒体监督权利，收受贿赂，进行违反职业道德的行为。

（二）新闻寻租的危害性探讨

1. 对新闻从业人员的危害

在现实中，一些因有很高新闻理想而从事新闻业的人，在大搞新闻寻租的背景下随波逐流，他们要么变得麻木不仁，要么受到内心的道德谴责，这都将使他们不堪重负，更谈不上专业精神和职业理想。

2. 对整个媒体行业的危害

受众不仅会对个体的新闻工作者失望，更会对搞新闻寻租的媒体，甚至会对整个新闻传媒业唾弃，这对新闻业将是一个灾难。

新闻业将面临空前的困境，这种困境不仅是来自行业内部的自我评价低、人才流失等，还包括外部的社会舆论对该行业的信任缺失。

3. 对整个社会的危害

公众的社会信任减低。同时，很多人会以这些搞“新闻寻租”的新闻从业人员的行为为“榜样”，最后导致整个社会风气不正。

第三节　新闻歧视

一、新闻歧视概述

歧视是直接针对某个特殊群体成员的行为。歧视是由偏见的认识和态度引起的，直接指向偏见目标或受害者的那些否定性的消极行为的表现。新闻歧视又称为新闻偏见，它是记者在新闻写作中有意或无意对报道客体给予的不公正、不真实的主观评价，而这种评价总是给报道客体或第三方带来不同程度的负面影响。

媒体对社会歧视的影响表现为两个方面：一方面，各类媒体在促进社会平等、媒体反歧视的努力、减少歧视方面功不可没；另一方面，媒体助长社会歧视，传播学理论认为，媒介与受众一样也受到社会上已有的刻板成见影响，在报道过程中会不自然地表现出这种刻板成见，并进一步加强受众对此的认知。同时，大众传媒往往通过选择性地陈述和对某些主体的强调，来反映一种文化规范，进而与受众交流，并得到最大限度的认可，因此可以说大众传媒是歧视的重要塑造者。

新闻报道中的歧视现象在具体呈现上，有的体现在新闻标题上，有的则体现在整个新闻报道活动之中；有的是因为社会大环境造成的，有的则是新闻工作者的个体因素造成的。这种现象产生的原因比较复杂，大致可以归纳为长期文化积淀的产物、过度追求经济利益、视野狭窄、人文关怀缺失和法治意识淡薄几点原因。①

二、新闻歧视的表现形式

（一）地域歧视

我国正处在由传统社会向现代社会过渡的转型期，各种各样的地域歧视现象比较普

① 曾庆江，夏兴通．新闻报道歧视现象分析［J］．新闻界，2007（3）：119－121.

遍。新闻报道中地域歧视以贴标签、以偏概全和歧视性语言为主要表现形式。[①]

（二）性别歧视

性别歧视主要是针对女性的性别歧视。《中华人民共和国宪法》第48条第1款就对男女平等问题明确指出：中华人民共和国妇女在政治的、经济的、文化的、社会的和家庭的生活等各方面享有同男子平等的权利。新中国成立以来，在男女平等观念传播上，媒体承担了重要角色，塑造的女劳动者、女革命者、母亲等形象，促进了社会男女平等观念的深入人心。随着时代的不断发展，目前在新闻传媒中已经看不到对女性的直接歧视，但是并不代表新闻传媒中就不存在女性歧视现象。[②] 事实上，当前的新闻传媒依然存在女性歧视现象。表现为：媒体中女性信息内容单调，质量不高，正面形象较少，内容较多的如女学生失联、失足少女等。媒体中女性物化和客体化，如剩女等。媒体中女性形象恶俗化，如使用低俗、媚俗形象。媒体中女性柔弱、刻板印象，如女司机等。

（三）残疾/病患歧视

在残疾报道方面，一些媒体仍在用“残废”“瘸子”“瞎子”“傻子”等带有侮辱性的歧视语言。在病患报道方面，主要是对传染病和精神类疾病的歧视，如艾滋病报道，存在先入为主，联系吸毒、性工作者等，归结为道德问题等情况。在精神疾病方面，如描写精神病暴力行为；使用社会性歧视语言，如怪异、低下、傻；模糊医学概念等。

【案例】

“毒教材”事件报道“误伤”唐氏儿病患

2022年数学教材（人教版）小学课本插图事件中，很多报道将插图中的儿童描述为“唐氏儿”形象，从各种特征中对标唐氏儿，使用大量贬损的语言加以描述，如“病态”“丑陋”“怪异”“低能”“痴呆”等词汇，甚至出现谩骂的语言，这些报道和评论文章，以及跟帖在履行舆论监督的同时，误伤了不能为自己辩护的唐氏儿患者及家庭。

（四）职业/身份歧视

主要表现在对部分职业的歧视，如在对农民工的相关报道中，总是有意无意地流露出一种轻视农村、轻视农民的不良观念，习惯于反映农民工的落后和愚昧无知。

三、以新闻公正纠正新闻歧视

公平正义是新闻工作者价值的实现，新闻道德知识建构的基本框架是追求社会性公平公正。一方面，维护根本的社会公正是记者的主要职责和义务；另一方面，追求社会的公

① 孙玉双，史倩．当前我国新闻报道地域歧视现象探析［J］．记者摇篮，2011（8）．

② 王蕾．女性主义视角下的网络媒介传播：以网络女红人为例论女性表达［J］．河南大学学报（社会科学版），2011（2）：110－116．

正、追求正义感也是新闻从业者的道德指向。

“不患寡而患不均，不患贫而患不安。”新闻公正从宏观方面来看，媒介及其新闻从业者要运用媒介传播这个平台为公众去呼吁和追求社会公平公正。从微观方面来看，主要指媒介在新闻报道的过程中要通过业务操作和加强自律，努力向公众提供准确、可靠、公正的新闻。新闻公正是为所有牵扯到有争议的问题中的人寻求正义，并平等对待所有的消息来源和报道对象。

在约翰·罗尔斯（John Rawls）的《正义论》中，有一个重要的理论：无知之幕（veil of ignorance）。无知之幕是指在人们商量给予一个社会或一个组织里的不同角色的成员的正当对待时，最理想的方式是把大家聚集到一个幕布下，约定好每一个人都不知道自己在走出这个幕布后将在社会或组织里处于什么样的角色。只有在每个人都受到无社会差异的对待时，正义才会出现。罗尔斯主张，在一个问题中所涉及的所有各方，都应该被置于同一个标杆之后。在那儿没有角色之分，没有社会差异，每一个参与者都被作为整个社会的平等成员来对待。无知之幕是一种公平对待新闻事件中的人物的方法，不标签化，不带有歧视，审慎对待新闻事件中的各方主体。保持中立，公平对待各方观点平衡。优化语言环境，尽量使用客观中性词汇。对于弱势群体予以关照，勇于为弱势群体发声，促进全社会对弱势群体的关心和爱护，对被歧视者加强正面宣传引导。

思考题

1. 什么是虚假新闻？其表现形式有哪些？
2. 请简述治理虚假新闻的对策。
3. 什么是新闻寻租？其表现形式有哪些？
4. 新闻寻租的危害主要有哪些？
5. 什么是新闻歧视？其表现形式有哪些？

第二篇

媒介法规

第四章 媒介法规的概念和核心理论

媒介法规体系的建立应从国家的性质和任务出发，依据媒介传播活动的特点和规律，科学地界定媒介法规的概念和范围，理解媒介法规的核心价值理念，为媒介传播活动依法依规开展奠定基础。

第一节 媒介法规的概念和渊源

媒介信息传播活动是一种对国家和社会具有巨大影响力的社会现象，因而当今世界各国都利用法律强制力的方式对新闻媒介及其信息传播行为在一定范围内进行调控。对媒介传播行为加以法律调控，不仅是法治社会的需要，也是建立规范化、有序化媒介传播的必然要求。

一、媒介法规的概念

媒介（media），从广义上讲，是一种承载信息的中间载体，在信息交换中起着上传下达的中介传输作用。从狭义上讲，媒介作为传播学中最基本的概念主要有两层含义：一是指具有承载信息传播功能的物质，如报纸、杂志、广播、电视等；二是指从事信息采集、加工、制作和传播的社会组织，即传媒机构，如电台、电视台、报社等。

法是由国家制定或认可，并由国家强制力保障实施的，反映由特定物质生活条件所决定的统治阶级（或人民）意志，以权利和义务为内容，以确认、保护和发展统治阶级（或人民）所期待的社会关系、社会秩序和社会发展目标体系的行为规范体系[①]。

世界各国对新闻传播活动、不同类别的媒介进行管理和规范的法律被称为媒介法、传播法或大众传播法，虽然名称不同，但其调整的社会关系大体相同。我国媒介法是指国家制定和颁布的规范媒介传播活动和各类传播媒介的法律，是调整媒介传播活动中各种社会关系、保障媒介传播活动中的社会公共利益，以及规范国家政权机构、媒介组织、公民、法人等在媒介传播活动中的权利义务的法律总称。[②] 我国的媒介法是我国法律体系的一个重要组成部分，主要包括对报纸、期刊、广播、电视、互联网等媒介与人数众多的、不确定的受众在各种信息传播活动过程中产生的各种社会关系的调整和规范。目前，我国没有单一的媒介法、大众传媒法等法律形式，但是基本形成了以宪法为主体，各类部门法、行

① 王晴川，陆地．媒介法规教程［M］．上海：上海交通大学出版社，2013.

② 陈绚．新闻传播伦理与法规教程［M］．北京：中国人民大学出版社，2016.

政法规、部门规章为依托的媒介法律体系。

二、媒介法规的渊源

法的渊源即法的表现形式。在我国，法的渊源包括宪法、法律、行政法规、部门规章、地方性法规、地方政府规章、民族自治地方的自治条例和单行条例、特别行政区法律以及我国参加或缔结的国际条约和国际惯例。

媒介法规也同样应该包含宪法、法律法规、规章等所有适用于媒介传播的法律规范。它并不是单一的法律文件，也不属于某一个法律部门，它有广泛的法的渊源，是跨越多个法律部门、涉及多种法律文件的许多法律规范的集合体，是由各种法的渊源组成的一个相对完整的体系。

我国媒介法规的体系可分为纵向和横向两种结构①。就我国的法的创制形式而言，法是拥有立法权的国家机关依照法定程序制定公布的具有不同法律效力、不同类别的规范性文件。不同等级的国家机关所制定的法律文件，其法律效力是不相同的，我国各位阶法律中有关媒介的规定形成了我国媒介法规的纵向体系结构。将上述不同位阶法律中关于媒介的规定按涉及媒介的不同领域这一标准进行划分，又能形成媒介法规的横向体系结构。

（一）媒介法规的纵向体系结构

1. 宪法

《中华人民共和国宪法》（简称《宪法》）是我国的根本法，具有最高的法律效力，是我国一切立法活动的基础，其规定既具有规范性，又具有高度的原则性、纲领性和概括性，其在多方面为媒介传播活动提供了基础性的权利保障。例如保障媒介传播活动的第22条："国家发展为人民服务、为社会主义服务的文学艺术事业、新闻广播电视事业、出版发行事业、图书馆博物馆文化馆和其他文化事业，开展群众性的文化活动"；赋予公民言论出版自由权的第35条："中华人民共和国公民有言论、出版、集会、结社、游行、示威的自由"；保障公民对国家机关和国家机关工作人员批评建议权的第41条："中华人民共和国公民对于任何国家机关和国家工作人员，有提出批评和建议的权利；对于任何国家机关和国家工作人员的违法失职行为，有向有关国家机关提出申诉、控告或者检举的权利，但是不得捏造或者歪曲事实进行诬告陷害"；促进公民科学研究、文艺创作的第47条："中华人民共和国公民有进行科学研究、文学艺术创作和其他文化活动的自由"。《宪法》第33条第3款规定"国家尊重和保障人权"，反映了基本人权原则为我国的基本价值观，也是媒介传播活动的基本目标和要求。

2. 法律

法律是指由全国人民代表大会及其常务委员会制定、颁布的规范性文件，分为基本法律和基本法律以外的其他法律。

基本法律包括刑事、民事、国家机构和其他调整社会生活中重大社会关系的基本原则和基本制度的法律，由全国人民代表大会制定和修改。我国现行法律体系中三组最重要的

① 陈绚．新闻传播伦理与法规教程［M］．北京：中国人民大学出版社，2016．

基本法律——《中华人民共和国刑法》(简称《刑法》)和《中华人民共和国刑事诉讼法》(简称《刑事诉讼法》),《中华人民共和国民法典》(简称《民法典》)和《中华人民共和国民事诉讼法》(简称《民事诉讼法》),《中华人民共和国行政诉讼法》(简称《行政诉讼法》)、《中华人民共和国行政处罚法》(简称《行政处罚法》)和《中华人民共和国行政许可法》(简称《行政许可法》),同新闻传播活动都有十分密切的关系。刑法规定犯罪和刑罚,作为最高的禁止性规范,包含了对媒介传播活动的约束和对妨害媒介传播活动犯罪的制裁,在现行《刑法》中,有二十多种罪名与媒介传播活动相关。民法调整平等主体之间的人身关系和财产关系,而媒介传播活动中大量的社会关系,特别是公民作为受众、被报道者和作者的身份与媒介之间发生的关系,具有民事关系的特征。《民法典》对于保障公民在媒介传播活动中的权利从指导思想到实际操作都具有重要意义。

我国最高人民法院在适用民法和刑法的过程中对具体应用法律问题所做的解释即司法解释,与法律一样可以作为判决的依据,有些司法解释直接对媒介传播活动作出规范。民事方面有最高人民法院 1993 年发布的《关于审理名誉权案件若干问题的解答》(法发〔1993〕15 号)、1998 年发布的《关于审理名誉权案件若干问题的解释》(法释〔1998〕26 号)、2001 年发布的《关于确定民事侵权精神损害赔偿责任若干问题的解释》(法释〔2001〕7 号,2020 年修正)、2012 年发布的《关于审理侵害信息网络传播权民事纠纷案件适用法律若干问题的规定》(法释〔2012〕20 号,2020 年修正)和 2014 年发布的《关于审理利用信息网络侵害人身权益民事纠纷案件适用法律若干问题的规定》(法释〔2014〕11 号,2020 年修正),其中主要内容同新闻报道直接相关,是民法领域与媒介传播活动关系最为密切的几件重要司法解释。刑事方面则有最高人民法院 1998 年发布的《关于审理非法出版物刑事案件具体应用法律若干问题的解释》(法释〔1998〕30 号),最高人民法院及最高人民检察院 2010 年发布的《关于办理利用互联网、移动通讯终端、声讯台制作、复制、出版、贩卖、传播淫秽电子信息刑事案件具体应用法律若干问题的解释(二)》(法释〔2010〕3 号),2013 年发布的《关于办理利用信息网络实施诽谤等刑事案件适用法律若干问题的解释》(法释〔2013〕21 号),2020 年最高人民法院发布的《关于审理侵害信息网络传播权民事纠纷案件适用法律若干问题的规定》(法释〔2020〕19 号)等。

其他由全国人大常委会制定和修改的法律,主要调整某一方面的社会关系,其中有许多法律同媒介传播活动有不同程度的关系。例如:关于维护国家安全、保守国家秘密方面,有《保守国家秘密法》《军事设施保护法》《国家安全法》《档案法》《网络安全法》等加以规范;关于以行政处罚制裁尚不构成犯罪的传播非法内容的行为,有《治安管理处罚法》的有关规定;关于重要信息的公布,有《统计法》《测绘法》《防震减灾法》《证券法》《气象法》《立法法》等法律的有关规定;关于公民、法人的人格权保护,除《民法典》外,还有《未成年人保护法》《妇女权益保障法》《反不正当竞争法》《消费者权益保护法》《预防未成年人犯罪法》等对保障特定群体的权益作出规定;关于媒介传播活动中的知识产权,有《著作权法》《反不正当竞争法》;关于媒介传播的广告活动,有《广告法》。上述法律所调整的社会关系在不同方面、从不同程度与媒介传播活动发生关联,其中若干条款也适用于媒介传播活动。

3. 行政法规

行政法规是国务院根据宪法和法律制定的领导和管理国家各项行政工作的各类规范性文件的总称，其效力和地位低于宪法和法律，但在我国法律体系中具有重要的地位。《立法法》规定行政法规必须由国务院总理签署、国务院令公布。行政法规作为媒介法规的渊源有以下三种类型。

一是管理各类媒介的专门行政法规。这包括《出版管理条例》《音像制品管理条例》《广播电视管理条例》《电影管理条例》《电信条例》《互联网信息服务管理办法》等。这些行政法规涵盖了所有传播媒介的管理范畴，是我国目前管理传播媒介的最高规范，在现行媒介法规中占有很大的比重。

二是对媒介传播活动中的某一具体事项进行单项管理的行政法规。如《外国常驻新闻机构和外国记者采访条例》《广播电视设施保护条例》《信息网络传播权保护条例》等。这些单项管理的法规有的制定较早，内容已被吸收到前一类行政法规之中，但还有不少规定至今依然具有实际作用。

三是一些其他领域的专门行政法规中与媒介传播活动有关的规定。例如，《突发公共卫生事件应急条例》就突发公共卫生事件信息发布做了规定；《证券、期货投资咨询管理暂行办法》就报刊发表证券、期货投资咨询文章、评论、报告做了规定；《政府信息公开条例》就政府信息公开的范围、公开的方式和程序以及监督和保障做了规定。这些规定对新闻媒介显然十分重要。

4. 地方性法规、自治条例和单行条例

地方性法规是由省、自治区、直辖市以及省、自治区人民政府所在地的市和经国务院批准的较大的市的人民代表大会及其常务委员会根据本行政区域的具体情况和实际需要，在不与宪法、法律、行政法规相抵触的前提下按法定程序所制定的规范性文件。有关规范报刊出版活动的地方性法规，如《上海市出版物发行管理条例》等。规范广播电视活动的地方性法规，如《山西省广播电视管理条例》《江西省广播电视管理条例》等。以新闻管理为名的地方性法规至今只有一部，这就是1996年河北省人大常委会通过并于2002年和2014年修正的《河北省新闻工作管理条例》。有些不是直接规范媒介传播活动的地方性法规，其中有的内容与媒介传播活动相关。民族自治地方的自治条例和单行条例中与新闻传播活动有关的内容也是我国媒介法规的渊源。

5. 部门规章和地方政府规章

部门规章是指国务院所属部委和具有行政管理职能的直属机构，根据法律和国务院的行政法规、决定、命令，在本部门的权限范围内制定的规定、办法、实施细则、规则等规范性文件。就媒介传播法治建设过程来说，由于没有专门规范媒介传播活动的法律，长期以来也没有专门的行政法规，因此媒介传播法的建设是从部门规章开始的。现在实施的几种规范媒介传播活动的专门行政法规，既是以宪法和其他法律有关精神为指导，也是在总结归纳了诸多部门规章中行之有效的规定的基础上制定的。至今规章在规范媒介传播活动方面仍然具有重要的作用。所以讨论中国新闻传播法，就不能不谈部门规章。部门规章大致有以下几类：

一是对行政法规所管理的传播媒介再分类制定管理规则。例如：主要根据行政法规

《出版管理条例》制定的《期刊出版管理规定》《图书出版管理规定》《报纸出版管理规定》，根据《广播电视管理条例》制定的《电视剧内容管理规定》，根据《电影管理条例》制定的《电影剧本（梗概）备案、电影片管理规定》，以行政法规《互联网信息服务管理办法》为基础制定的《网络出版服务管理规定》《互联网新闻信息服务管理规定》《互联网直播服务管理规定》《互联网群组信息服务管理规定》等。

二是对法律、行政法规有关规定再制定操作性的细则。例如，关于禁止媒介传播淫秽色情内容，除《刑法》中有明确规定外，1988 年新闻出版署的《关于认定淫秽及色情出版物的暂行规定》、1989 年的《关于部分应取缔出版物认定标准的暂行规定》等部门规章，从实体到程序上为打击淫秽色情出版物提供了详细的依据。

三是对法律、行政法规未涉及的具体事项制定规则。例如，《出版管理条例》只对由依法登记的出版单位正式出版的出版物作出管理规定，新闻出版署颁布的《内部资料性出版物管理办法》对管理非正式的出版物做了补充。

地方政府规章是省、自治区、直辖市和较大的市的政府，根据法律、行政法规和本地的地方性法规所制定的规范性文件。这些地方性规章中与媒介传播活动有关的内容，也是我国媒介法规的外延。

6. 香港、澳门特别行政区的法规

香港、澳门地区回归祖国建立特别行政区以后，根据特别行政区基本法的规定，当地大多数法律继续有效，特区立法机构还根据形势的发展制定新的法规，这些法规中涉及媒介传播的内容也属于我国媒介法规的一部分。例如，制定于 1887 年、修改多次的香港地区《诽谤条例》，对于完善内地的新闻侵权法就很有参考价值。香港回归后，又修订颁布了新的《版权条例》。

7. 我国参加和缔结的国际条约和国际惯例

我国同外国缔结或参加的国际条约中与媒介传播活动有关的内容，也属于我国媒介法规的渊源。

我国于 1992 年加入《世界版权公约》和《伯尔尼保护文学和艺术作品公约》。1997 年 10 月我国签署了《经济、社会及文化权利国际公约》，且于 2001 年 2 月经全国人大常委会批准，该公约中关于文化权利的内容与媒介传播活动有关。我国于 1998 年 10 月签署了《公民权利和政治权利国际公约》，其中第 19 条关于保障表达自由的规定引起新闻传播学界的很大关注。2001 年我国加入世界贸易组织（WTO），相关协议也涉及传媒业，为此我国对有关的法律法规如《著作权法》《出版管理条例》等做了重要修改，2001 年至 2020 年，我国对《出版管理条例》做了五次修订，2020 年 11 月历经十年修订的《著作权法》第三次修订审议通过，使得我国媒介法律规范达到并符合国内、国际相关要求。2012 年《视听表演北京条约》在北京签署，2021 年我国批准加入世界上第一部，也是迄今为止唯一一部版权领域的人权条约《马拉喀什条约》（2022 年 5 月 5 日，该公约对我国生效）。这些都标志着我国的媒介管理达到了世界领先水平。

（二）媒介法规的横向体系结构

1. 传播内容法

媒介传播内容受宪法中关于言论、出版自由的保护，但言论自由权并不是绝对权，因为它经常与国家安全、社会安定、自然人的人格权益发生冲突，是一种可限制的权利，所以对媒介传播内容的限制，一直是媒介法的主要内容，例如相关法律中有禁止传播煽动性、诽谤性或淫秽色情暴力的内容等。

2. 媒介管理法

不同的传播媒介具有不同的特性，所以要施以不同的管理，如对印刷媒介、电子媒介或互联网媒介的管理是有很大的差别的。在有些国家，创办印刷媒介不需要许可，但从事广播电视业则需要批准。另外，对不同性质的传播媒介也要施以不同的管理，如一个社会中可能存在着商业性的以营利为目的的媒介，也存在着以服务公众为目的的公共媒介。在一个法治国家，对这些不同性质的媒介实行法治化管理，通常通过制定专门法予以规范。

3. 媒介经营法

随着中国市场经济的发展，人们对大众传播作为服务型文化事业和产业的经营性质已认识得越来越清楚了。传播媒介机构或组织通过采集、制作、加工和复制信息以服务社会、组织和公众，并以此获得经济利益，维持大众传播组织机构和从业者的生存。而传播媒介组织机构采集、加工、传播信息的一系列经济交换活动又构成了一个产业链，使传播媒介组织机构的工作成为一种特殊的信息生产加工产业，这些传播产业的经营活动必须通过法律来进行规范。

4. 媒介侵权法

这主要是指法律中那些规范并限制媒介传播内容以避免侵犯公众人格权的法律，以及那些涉及如何判断侵犯公众的人格权，如隐私权、名誉权、肖像权等的法律，也包括如果发生这类侵权行为应受到什么处罚的法律，或者说是调节大众传播媒介与公众人格权关系的法律。

综上所述，我国现行媒介法规具有相当广泛的外延，也形成了相对完备的体系。虽然我国至今还没有一部专门的规范媒介传播活动的法律，但随着中国特色社会主义法治体系建设的推进和中国特色社会主义法律体系的完善，各个法律部门日趋健全，逐渐形成了以宪法为中心、部门法规为重要组成部分的传媒法律体系，新闻媒介传播活动已经做到有法可依。

第二节　言论出版自由

言论自由、出版自由是公民的一项基本权利，世界各国大都在自己的宪法或法律中明文规定保障其自由，有的国家用言论出版自由、有的国家用新闻自由，虽然表述不一样，但其立法目的基本一致。

一、不同历史时期言论出版自由的内涵

言论出版自由在不同的社会发展阶段有不同的内涵，如文艺复兴时期的主张是自由表达自己的意见以反对宗教、神学对人性的残害与思想的禁锢；英国的弥尔顿时代，由于印刷术的广泛应用，言论出版自由主要指免受出版审查的印刷自由；大众传媒时代，言论出版自由主要是指报刊自由；而到了信息时代，言论出版自由则主要强调信息交流的自由。

资产阶级革命胜利后，大多数国家都在宪法或者基本法里赋予了本国公民以言论自由或新闻自由的权利，虽有明文规定，但是不同社会体制的国家之间的出版自由又有着本质的区别。

（一）资产阶级的言论出版自由

1. 资产阶级革命时期的言论出版自由

最早提出出版自由这个口号的是英国政论家、诗人约翰·弥尔顿（John Milton）。1644 年他在国会发表的演说《论出版自由》中，猛烈抨击英国教制阻碍科学和教育发展，对印刷业实行许可证制度的《出版许可法》，他呼吁“让我有自由来认识、抒发己见，并根据良心作自由的讨论，这才是一切自由中最重要的自由”。约翰·弥尔顿的《论出版自由》实质上是对出版检查制度的批判。弥尔顿将人的自由分为宗教自由、家庭自由以及公民自由三类。出版自由作为家庭个人自由的一部分，是其他自由的基础，而出版检查制度则是对这一基础的破坏，必须废除。《论出版自由》首次明确提出言论出版自由是一切自由中最重要的自由权利。

1645 年英国平均派首领约翰·李尔本（John Lilburne）发表《英国的天赋权利》，提出在法律面前人人平等，主张宗教、信仰和出版自由应有保障。至此，出版自由成为欧洲新兴资产阶级作为反对封建专制以及僧侣、国王、宗教势力统治的有力口号，成为资产阶级争取民主与科学权利的强大武器，反映了资产阶级处于上升时期的进步性、革命性。列宁高度评价了这一口号，认为“‘出版自由’这个口号从中世纪末直到 19 世纪成了全世界一个伟大的口号”①。

资产阶级在取得政权成为统治者之后，将出版自由作为资产阶级民主主义的政治纲领，载入宪法。1789 年法国资产阶级的《人权宣言》宣称：“自由传达思想和意见是人类最宝贵的权利之一，因此各个公民有言论、著述和出版的自由。”1793 年由雅各宾派控制的国民公会制定的宪法和 1848 年由资产阶级共和派控制的制宪会议通过的宪法，也都明文规定公民有言论出版等自由。1789 年经国会通过、1791 年生效的美国宪法第一修正案，即《人权法案》规定，国会不得制定剥夺言论自由或出版自由的法律。言论出版自由在这一历史时期确实起到了积极的、重要的作用，给封建统治的出版审查制度画上句号。

2. 国家垄断资本主义时期的言论出版自由

随着 20 世纪 30 年代广播事业的快速发展，广播新闻很大程度上代替了报纸新闻，言论出版自由开始向新闻自由的方向发展，1948 年联合国新闻自由会议通过了《国际新闻自由公约草案》。该草案对新闻自由的解释被看作西方新闻自由的法定概念：“缔约各国为了希望其人民充分得到消息的权利得以行使，希望能由新闻及意见的自由传播而增进其人民间的互相了解起见，已决定缔结一项公约以达到这一目的……予本国人民及其他缔约国之人民在本国境内依法发表或收取各种新闻与意见之自由，不问其方式为口头、文字、出版品、图画或其他合法运用之视觉或听觉的方法，本国政府均不加干涉。”②

① 列宁．列宁全集：第 42 卷［M］. 2 版. 北京：人民出版社，2017：85.

② 赵雪波，张键，金勇. 国际新闻自由公约草案［M］. 北京：社会科学文献出版社，2010：6－14.

在第三次工业革命的推动下，资本主义国家的生产力获得了突飞猛进的发展。资本主义国家完成了从垄断资本主义向国家垄断资本主义的过渡，资本主义社会主要维护资产阶级利益和为资本主义制度服务的本质显现无遗。与此同时，新闻传播业不断地兼并和融合，新闻工具与媒介资料大多为资本拥有者所掌握，媒介产业不断被大资本利益集团所垄断。这对普通人民来讲，尽管法律条文上规定他们有办新闻事业的自由，事实上也是不可能实现的，新闻媒介成为少数大资本家营利和维护集团利益的手段。尽管有理论主张媒介活动应承担社会责任，但无法从根本上改变资产阶级的垄断趋势。言论出版自由成为垄断阶级的自由。

（二）无产阶级的言论出版自由

无产阶级政党把言论、出版自由作为人民的一项基本权利。马克思把出版自由看作各种民主权利的基础，认为一旦失去出版自由，其他自由就成了泡影。

1922 年，中国共产党的二大上通过的《第二次全国代表大会宣言》中奋斗目标的第 6 项提出："工人和农民，无论男女，在各级议会市议会有无限制的选举权，言论、出版、集会、结社、罢工绝对自由。"这是中国共产党第一次明确提出要保护公民的言论和出版自由的权利。1931 年 11 月 7 日，在江西瑞金召开了全国工农第一次代表大会，通过了《中华苏维埃共和国宪法大纲》，其中第 10 条明确规定："中国苏维埃政权以保证工农劳苦民众有言论出版集会结社的自由为目的，反对地主资产阶级的民主，主张工人农民的民主，打破地主资产阶级经济的和政治的权力，以除去反动社会束缚劳动者和农民自由的一切障碍，并用群众政权的力量，取得印刷机关（报馆、印刷所等）开会场所及一切必要的设备，给予工农劳苦民众，以保障他们取得这些自由的物质基础。"它的出台使革命根据地新闻传播事业和新闻传播法的发展有了宪法依据和保障。同西方资产阶级社会一样，这一阶段的出版自由主要是言论自由和印刷自由。

新中国成立之后，1949 年第一届中国人民政治协商会议通过了具有临时宪法性质的《中国人民政治协商会议共同纲领》，其中第 49 条专门规定："保护报道真实新闻的自由。"这一规定基本呼应了《国际新闻自由公约草案》的规定。

1954 年我国第一部《宪法》公布，其在关于"公民的基本权利和义务"部分的第 87 条规定："中华人民共和国公民有言论、出版、集会、结社、游行、示威的自由。国家供给必需的物质上的便利，以保证公民享受这些自由。"这一条款包括以下两个重要内容：一是"中华人民共和国公民有言论、出版的自由"。这一表述表明凡是中华人民共和国公民都享有"言论、出版自由"，这是国家根本法对保障每个公民的言论、出版自由的庄严承诺。二是"国家供给必需的物质上的便利，以保证公民享受这些自由"。这一表述表明国家将通过为公民"供给必需的物质上的便利"，来从物质上保证每个公民享有言论出版自由①。这与一些国家仅仅从字面上承认保障公民言论出版自由而没有具体的物质保障有着根本性区别，是社会主义国家出版自由的特征，也是无产阶级出版自由与资产阶级新闻自由的本质区别。

---

① 张明，蔡文含．1954 年《中华人民共和国宪法》的颁布与新中国新闻出版自由的法律保障［EB/OL］．（2023－05－17）［2024－05－28］．https：//www.ccpph.com.cn/bwyc/202305/t20230517_368083.html.

二、言论出版自由的限制

言论出版自由不是绝对的、抽象的，而是相对的、具体的、有限度的。在阶级社会中，言论出版自由是在一定的历史范畴内的阶级概念，从来没有超阶级的、不受任何限制的自由和权利。就法律规范层面而言，自由也是既受法律保护，又受法律限制的。法国启蒙思想家孟德斯鸠曾经说过："自由是做法律所许可的一切事情的权利；如果一个公民能够做法律所禁止的事情，他就不再有自由了。"出版自由也是一样的，虽然宪法赋予了公民出版自由，但是这种自由是法律许可范围内的自由，并不是绝对的、不受任何限制的自由。

如1789年法国的《人权宣言》在"各个公民都有言论、著述和出版的自由"的规定之后，接着指出："但在法律所规定的情况下，应对滥用此项自由承担责任。"《美国宪法》第一条修正案中也包含了两方面的内涵：一方面规定公民有言论出版的自由；另一方面也有保护公民免受言论出版自由侵害的规定。美国的宪法学者主张，言论出版自由并不是公民的一项绝对的权利，对于危害国家安全、破坏治安秩序、影响社会风化、妨碍司法独立审判等的言论出版自由均可依法制止。只要是合理地限制言论自由，就可以不违宪。

因此，各国的媒介法在出版自由或者新闻自由的基础上，都对出版自由在国家安全、社会安定、公民人格权的保护等方面加以限制。出版自由是媒介法的基础，而对言论或出版自由加以适当的限制则是媒介法的核心内容。

第三节 新闻记者的权益

在法学上，权利与权益有着一定的区别，但也有着千丝万缕的联系。权利，是指法律赋予公民、法人或者其他自主实现自身利益的一种力量。它与义务对应，是法律赋予权利主体作为或不作为的许可或认可。权益，则在法律上较权利更为宽泛，它包含权利和利益。新闻记者的主要工作任务是新闻采访活动，常有"无冕之王"的称号，其采访活动受法律保护，在新闻采访活动中享有一系列的权益，包括新闻记者的职务权利及普通劳动者在其劳动过程中所享有的一切社会权利以及作为公民的基本民事权利。

一、新闻记者的权利性质

美国第三任总统托马斯·杰斐逊曾经主张自由报刊应该成为对行政、立法、司法三权起到制衡作用的第四种权力；廉洁公正的、为公民了解的政府是不会被报纸的谎言打倒的；出版自由和政府势不两立的看法是错误的。因此，一直以来，人们对新闻记者的权利性质就有着不同的观点：一是认为采访报道权是"第四种权力"；二是认为采访报道权是一种权利，而不是具有国家强制力的权力；三是认为新闻媒体的采访报道行为具有双重属性特征，其主要属性是自由权利，但在有些情况下又有某种权力的特征；四是认为新闻采访报道权既不是国家权力，也不是个体权利，更不是二者兼备，它本质上是一种社会权利；五是认为新闻采访报道权既是一种社会权利，同时也是一种政治权利。

目前，世界范围内基本对新闻记者的权利性质属性达成共识，即新闻记者是专门以从事新闻报道和评论为职业的工作者，是实践新闻自由权利的特殊群体，享有宪法赋予普通公民的所有权利，也就是说，新闻记者权益来源于公民的基本权利，是宪法权利的延伸，国家承担不侵犯公民出版自由或新闻自由的义务并且保障它不受其他侵犯。

我国《宪法》第35条赋予了中华人民共和国公民以言论、出版自由权。第2条强调“中华人民共和国的一切权力属于人民”，“人民依照法律规定，通过各种途径和形式，管理国家事务，管理经济和文化事业，管理社会事务”。第27条要求“一切国家机关和国家工作人员必须依靠人民的支持，经常同人民保持密切联系，倾听人民的意见和建议，接受人民的监督，努力为人民服务”。第41条规定：“中华人民共和国公民对于任何国家机关和国家工作人员，有提出批评和建议的权利；对于任何国家机关和国家工作人员的违法失职行为，有向有关国家机关提出申诉、控告或者检举的权利，但是不得捏造或者歪曲事实进行诬告陷害。”《宪法》的这4个条款形成了新闻记者职务权利的基础，国家机关及其工作人员代为行使人民管理国家的权力，但是在行使权力的过程中要接受人民的监督，听取人民的意见和建议，公民享有对国家机关及其工作人员的监督权和批评建议权。

《国家人权行动计划（2009—2010）》中提出我国公民享有知情权、参与权、表达权和监督权，进一步明确我国公民的基本人权，对宪法权利做了进一步的明确。《国家人权行动计划（2009—2010）》将知情权放在首位，因为知情权是参与权、表达权和监督权实现的基础。为了全面保障公民的知情权，我国2007年颁布了《政府信息公开条例》，该条例明确表明其出台是为了保障公民、法人和其他组织依法获取政府信息，提高政府工作的透明度，促进依法行政，充分发挥政府信息对人民群众生产、生活和经济社会活动的服务作用。至此，我国以较为完善的立法体系全面保护公民的知情权、参与权、表达权和监督权。

然而，要实现我国宪法及《国家人权行动计划（2009—2010）》保障的公民的知情权、参与权、表达权和监督权，单靠《政府信息公开条例》并不能有效实现，还需要依靠新闻工作者的采访和报道，新闻工作者的采访权、报道权是公民的知情权的延伸，公民享有对国家机关及其工作人员的批评建议权，新闻记者恰恰是替公民实现批评建议权的特殊群体。我国2009年修订的《新闻记者证管理办法》中规定，新闻记者是指新闻机构编制内或者经正式聘用，专职从事新闻采编岗位工作，并持有新闻记者证的采编人员。该办法同时明确新闻采访活动是新闻记者的职务行为以及新闻记者持新闻记者证依法从事新闻采访活动受法律保护。这是我国首次以行政法规的形式确立了新闻记者的人员范围以及工作职责，并强调保障新闻记者的职务权利。

可见，我国并没有以任何立法的形式赋予新闻记者享有某种特殊的权力，所以我国记者所享有的权利只是一种特殊形式的公民权利，是权利（right）之权，而非权力（power）之权，是一种与义务相对应的权利，而不是具有国家强制力的权力，是受到国家法律保护的职务权利。

二、新闻记者职务权利的内涵

新闻记者职务权利的内涵主要是与新闻记者的采访、报道等职务行为密不可分的权利，如采访权、批评权、评论权、发表权和报道权。

（一）采访权

采访权是指新闻记者通过正当合理、法律不禁止的方法采集信息的权利。采访权是新闻记者职业权利的核心，是所有其他权利的基础，没有采访权的确立，其他权利便会成为无源之水、无本之木。我国的时政类新闻信息，包括有关政治、经济、军事、外交等社会公共事务的信息，以及有关社会突发事件的信息，只有新闻机构才能报道传播，这也就使得我国新闻机构和新闻记者采访权在全社会的信息传播过程中占据至关重要的位置，这也是我国新闻记者的采访权被披上“权力”外衣的原因。

（二）批评权

批评权是指新闻记者享有的通过新闻媒体对新闻事实，尤其是负面事实的公开报道或针对特定事件提出质疑、反对、指责等批评性评论的权利。该权利来自公民的表达权和监督权，其核心内容是对政府和社会公共事务的批评。新闻批评权有时被视为新闻“舆论监督”。

（三）评论权

评论权是指新闻记者通过新闻媒体对新闻事实发表意见、看法的权利。除采访以外，新闻记者的主要工作就是进行评论。对某一事件采访后，记者首先凝练事件的基本内容，然后按照自身的价值观、伦理观对此事件表达意见、做出评论。正确恰当的评论对推进社会公平正义具有重要的推动作用，影响着人们的政治、经济、社会生活的方方面面。

（四）发表权和报道权

广义上的新闻发表和新闻报道都是通过报纸、杂志、广播、电视或其他形式把新闻告诉群众或用书面或广播、电视形式发表新闻稿，达到让受众“知晓”的目的。新闻发表权和新闻报道权都是采访权在出版环节的实现，是出版自由的体现。

三、新闻记者职务权利的外延

新闻记者虽然是以新闻采访、报道为职业的特殊群体，但也是广大劳动者中的一员，理应享有普通劳动者在其劳动过程中所享有的一切社会权利以及作为公民的基本民事权利。所以新闻记者职务权利的外延比较广泛，主要包括劳动权、休息权等社会权利，以及著作权、人格权、财产权等民事权利。

思考题

1. 我国媒介法的渊源有哪些？
2. 资产阶级的新闻自由和无产阶级新闻自由的本质区别是什么？
3. 新闻记者的采访报道权与公民的知情权之间的关系是什么？

第五章 媒介内容监管

媒介内容是指在传播过程中依附于媒介并被媒介所传播的信息。公民通过媒介自由地表达和传播信息是言论出版自由的基础。然而，我国《宪法》第51条规定："中华人民共和国公民在行使自由和权利的时候，不得损害国家的、社会的、集体的利益和其他公民的合法的自由和权利。"这要求我国的媒介法律体系要对言论出版自由进行一定的限制，这不仅是言论出版自由相对性的体现，也是进行媒介内容监管的宪法依据。

第一节 媒介内容监管的原因

媒介内容监管是指对通过各种媒介渠道（如电视、广播、印刷品、互联网等）传播的信息内容进行监督管理和控制的过程。放任自由的媒介内容可能会危害国家利益、社会秩序、未成年人身心健康及他人合法的人格权利。我国《出版管理条例》第5条明确规定："公民依法行使出版自由的权利，各级人民政府应当予以保障。公民在行使出版自由的权利的时候，必须遵守宪法和法律，不得反对宪法确定的基本原则，不得损害国家的、社会的、集体的利益和其他公民的合法的自由和权利。"

国家安全、社会稳定是一个国家稳定的基石，未成年人的身心健康是社会发展的未来，媒介内容要以维护国家安全和促进社会发展为己任，不得存在或含有损害上述利益的内容。因此，媒介内容监管旨在确保媒介内容符合一定的社会道德和法律要求，保障媒介内容的合法性、规范性和公正性，以维护国家安全、社会稳定和未成年人的身心健康，有效保护公民的合法权利。

一、媒介内容与国家安全

国家安全是民族复兴的根基，有利的外部安全环境是党和国家兴旺发达、长治久安的依托。在通过媒介传播内容的过程中，主要有两种情况会发生危害国家安全的问题：一种是利用媒介内容煽动危害国家安全，另一种便是泄露、非法获取、向境外非法提供国家秘密。[①] 为避免媒介内容危害国家安全，我国制定了相关的禁止性法律规范。

（一）危害国家安全的禁止性法律规范

我国《刑法》第103条第2款规定："煽动分裂国家、破坏国家统一的，处五年以下

① 陈绚. 新闻传播伦理与法规教程［M］. 北京：中国人民大学出版社，2016.

有期徒刑、拘役、管制或者剥夺政治权利；首要分子或者罪行重大的，处五年以上有期徒刑。”无论行为人反动宣传的效果如何、是否有人接受其宣传煽动实施分裂国家的行为，只要行为人实施了煽动性的宣传鼓动，就构成犯罪。

《刑法》第105条第2款规定：“以造谣、诽谤或者其他方式煽动颠覆国家政权、推翻社会主义制度的，处五年以下有期徒刑、拘役、管制或者剥夺政治权利；首要分子或者罪行重大的，处五年以上有期徒刑。”本罪中的“造谣”即凭空捏造事实以鼓动人们的不满和仇视；“诽谤”的对象既可以是个人，如诽谤党和国家的领导人，也可能是诽谤特定组织，如诽谤党或政府；“其他方式”包括散发标语、口号等煽动他人进行颠覆国家政权的活动。《刑法》第106条中更是明确规定：“与境外机构、组织、个人相勾结，实施本章第一百零三条、第一百零四条、第一百零五条规定之罪的，依照各该条的规定从重处罚。”

《刑法》第278条规定：“煽动群众暴力抗拒国家法律、行政法规实施的，处三年以下有期徒刑、拘役、管制或者剥夺政治权利；造成严重后果的，处三年以上七年以下有期徒刑。”这里的“法律、行政法规”包括国家各级立法机关、司法机关、行政机关依法制定的一切具有法律约束力的规范性文件。本罪的行为必须是以语言或文字等方式煽动群众以暴力来抗拒国家法律的实施，一般地指责某些法律，发表对某些法律的不满言论，即使是错误的，也不能构成犯罪。但若部分群众真的被煽动且“造成严重后果”，则会处以更重的处罚。

（二）泄露国家秘密的禁止性法律规范

国家秘密直接关系国家安全和利益，是国家的重要战略资源，保守国家秘密是全体公民的义务。国家秘密被泄露，将直接危害国家的政治安全、经济安全、科技安全和文化安全，直接危害广大人民群众的利益。特别是通过大众传播媒介公开传播国家秘密，显然比通过一般的人际传播的途径泄露出去会造成更严重的后果。在规范媒介内容，防止国家秘密泄露方面，我国也有相关的禁止性法律规范。

我国《刑法》第111条规定：“为境外的机构、组织、人员窃取、刺探、收买、非法提供国家秘密或者情报的，处五年以上十年以下有期徒刑；情节特别严重的，处十年以上有期徒刑或者无期徒刑；情节较轻的，处五年以下有期徒刑、拘役、管制或者剥夺政治权利。”我国公民，不论是出于何种动机和目的，只要向境外的机构、组织、人员非法提供国家秘密或情报，也不论境外机构、组织、人员是否具有间谍性质，都足以构成本罪。

《刑法》第282条第1款规定：“以窃取、刺探、收买方法，非法获取国家秘密的，处三年以下有期徒刑、拘役、管制或者剥夺政治权利；情节严重的，处三年以上七年以下有期徒刑。”第2款规定：“非法持有属于国家绝密、机密的文件、资料或者其他物品，拒不说明来源与用途的，处三年以下有期徒刑、拘役或者管制。”凡是达到刑事责任年龄、具有刑事责任能力的自然人均可成为本罪的主体，且非法获取或持有国家秘密的具体动机和目的不影响罪名的成立。

【案例】

周某某受贿、滥用职权、故意泄露国家秘密案①

2014 年 7 月 29 日，鉴于周某某涉嫌严重违纪，中共中央决定，依据《中国共产党章程》和《中国共产党纪律检查机关案件检查工作条例》的有关规定，由中共中央纪律检查委员会对其立案审查。根据周某某犯罪的事实、性质、情节和对于社会的危害程度，天津市第一中级人民法院依法对周某某受贿、滥用职权、故意泄露国家秘密案进行了一审宣判，认定周某某犯受贿罪，判处无期徒刑，剥夺政治权利终身，并处没收个人财产；犯滥用职权罪，判处有期徒刑七年；犯故意泄露国家秘密罪，判处有期徒刑四年。三罪并罚，决定对其执行无期徒刑，剥夺政治权利终身，并处没收个人财产。周某某当庭表示，服从判决，不上诉。

二、媒介内容与社会稳定

社会稳定是国家强盛的前提。我国是一个统一的多民族国家，国家的统一，民族的团结，是我们国家繁荣发展、人民安居乐业的基本保证。在我国，对于煽动国家分裂、民族仇恨和种族歧视的行为是被严厉打击的。

（一）煽动民族仇恨的禁止性法律规范

我国《刑法》第 249 条规定："煽动民族仇恨、民族歧视，情节严重的，处三年以下有期徒刑、拘役、管制或者剥夺政治权利；情节特别严重的，处三年以上十年以下有期徒刑。"本罪是以语言、文字等方式破坏我国民族关系。煽动民族仇恨，既可能是煽动汉族仇视少数民族，也可能是煽动少数民族仇恨汉族，还可能是煽动一个少数民族仇恨另一个少数民族。我国法律一贯主张各民族一律平等，禁止民族歧视和民族压迫。《刑法》第 250 条规定："在出版物中刊载歧视、侮辱少数民族的内容，情节恶劣，造成严重后果的，对直接责任人员，处三年以下有期徒刑、拘役或者管制。"这里的"直接责任人员"主要包括作者、责任编辑及其他与刊载上述内容有直接责任的人员。除此以外，《出版管理条例》第 25 条也规定：任何出版物不得含有"扰乱社会秩序，破坏社会稳定的""煽动民族仇恨、民族歧视，破坏民族团结，或者侵害民族风俗、习惯的"内容。任何人通过媒介传播内容时，都必须遵守这些禁止性的法律规范。

（二）煽动实施恐怖活动的禁止性法律规范

恐怖主义是一种反社会、反秩序和反人类的阴谋暴力行为，是对于社会发展、公共秩序和民众人身安全直接造成伤害的突然袭击和破坏。恐怖主义通过暗杀、绑架、爆炸等恐怖行为蓄意在社会上和受害者中间造成恐惧、慌乱和胆怯心理，通过这种极端方式表达他们的政治意愿和利益诉求。他们的恐怖行径往往和颠覆性宣传、造谣和煽动言论密不可

① 北大法律信息网.《中国审判》联合最高法研究室推出 2015 年度十大典型案例刑事篇之一：周某某受贿、滥用职权、故意泄露国家秘密案［EB/OL］.（2016－01－07）［2023－09－23］. https：//pkulaw.com/pfnl/a25051f3312b07f3e3f938c3db91c201fc1e54de819822a2bdfb.html? way=listView.

分，在恐怖分子实施恐怖活动的过程中，散布谣言、蛊惑人心是其恐怖活动的一部分。为有效打击恐怖主义及其犯罪行为，我国法律也有针对媒介内容的相关禁止性法律规范。

我国《刑法》第120条之三规定："以制作、散发宣扬恐怖主义、极端主义的图书、音频视频资料或者其他物品，或者通过讲授、发布信息等方式宣扬恐怖主义、极端主义的，或者煽动实施恐怖活动的，处五年以下有期徒刑、拘役、管制或者剥夺政治权利，并处罚金；情节严重的，处五年以上有期徒刑，并处罚金或者没收财产。"其中制作、散发恐怖主义、极端主义的图书、音视频资料或其他物品的行为，是构成犯罪的重要环节，因此，即使只实施了制作、寄递、出售等行为，也依照本条规定定罪处罚。此外，对于煽动类犯罪来说，只要行为人实施了煽动行为就构成犯罪，无论被煽动人是否接受了煽动而实施恐怖活动。

《刑法》第120条之六规定："明知是宣扬恐怖主义、极端主义的图书、音频视频资料或者其他物品而非法持有，情节严重的，处三年以下有期徒刑、拘役或者管制，并处或者单处罚金。"本罪在主观上要求是故意，即行为人明知是宣扬恐怖主义、极端主义的图书、音频视频资料或者其他物品而非法持有的，才能构成本罪。在客观上要求行为人有非法持有的行为，指行为人对恐怖主义、极端主义宣传品处于占有、支配、控制的一种状态。不仅随身携带可以认定为持有，在其住所、驾驶的运输工具上发现的恐怖主义、极端主义宣传品也可以认定为持有。

【案例】

谢某某、梁某某传播暴恐音视频案

广东省深圳市人民检察院指控被告人谢某某、梁某某犯宣扬恐怖主义、极端主义、煽动实施恐怖活动罪，于2020年6月5日向人民法院提起公诉。公诉机关指控：被告人梁某某和被告人谢某某是同学及朋友关系。2019年11月15日，梁某某将一段宣扬恐怖主义、极端主义、煽动实施恐怖活动的暴恐音视频，通过微信发送给谢某某。当日，谢某某将该暴恐音视频转发到一个微信群里，该微信群有成员140人。2019年12月16日22时许，公安机关将谢某某抓获；同日23时许，梁某某主动到派出所投案。人民法院受理后依法组成合议庭，于2020年7月6日公开开庭审理了该案。

（三）泄露商业秘密的禁止性法律规范

新闻媒介一旦出现失密、泄密行为，所造成的后果是非常严重的。媒介的传播范围广，传播速度快，尤其是通过互联网媒介传递出的信息，一旦泄密，等于在全世界曝光，尤其是那些不为公众所知悉，能为权利人带来经济利益，具有实用性并经权利人采取保密措施的技术信息和经营信息的商业秘密。我国《刑法》第219条规定："有下列侵犯商业秘密行为之一，情节严重的，处三年以下有期徒刑，并处或者单处罚金；情节特别严重的，处三年以上十年以下有期徒刑，并处罚金：（一）以盗窃、贿赂、欺诈、胁迫、电子侵入或者其他不正当手段获取权利人的商业秘密的；（二）披露、使用或者允许他人使用以前项手段获取的权利人的商业秘密的；（三）违反保密义务或者违反权利人有关保守商业秘密的要求，披露、使用或者允许他人使用其所掌握的商业秘密的。”

（四）传播淫秽物品的禁止性法律规范

媒介宣扬、传播淫秽色情信息在我国是被严格禁止的，制作、贩卖淫秽物品和信息，在我国被规定为刑事犯罪。我国《刑法》第 367 条对“淫秽物品的范围”作了界定：“本法所称淫秽物品，是指具体描绘性行为或者露骨宣扬色情的淫秽性的书刊、影片、录像带、录音带、图片及其他淫秽物品。有关人体生理、医学知识的科学著作不是淫秽物品。包含有色情内容的有艺术价值的文学、艺术作品不视为淫秽物品。”

大众传播活动对于社会秩序的影响是众所周知的，因此大众媒介有责任，也有义务对于媒介内容中的不良信息进行过滤和净化。我国《刑法》第 152 条第 1 款规定：“以牟利或者传播为目的，走私淫秽的影片、录像带、录音带、图片、书刊或者其他淫秽物品的，处三年以上十年以下有期徒刑，并处罚金；情节严重的，处十年以上有期徒刑或者无期徒刑，并处罚金或者没收财产；情节较轻的，处三年以下有期徒刑、拘役或者管制，并处罚金。”第 363 条第 1 款规定：“以牟利为目的，制作、复制、出版、贩卖、传播淫秽物品的，处三年以下有期徒刑、拘役或者管制，并处罚金；情节严重的，处三年以上十年以下有期徒刑，并处罚金；情节特别严重的，处十年以上有期徒刑或者无期徒刑，并处罚金或者没收财产。”第 2 款规定：“为他人提供书号，出版淫秽书刊的，处三年以下有期徒刑、拘役或者管制，并处或者单处罚金；明知他人用于出版淫秽书刊而提供书号的，依照前款的规定处罚。”第 364 条第 1 款规定：“传播淫秽的书刊、影片、音像、图片或者其他淫秽物品，情节严重的，处二年以下有期徒刑、拘役或者管制。”第 2 款规定：“组织播放淫秽的电影、录像等音像制品的，处三年以下有期徒刑、拘役或者管制，并处罚金；情节严重的，处三年以上十年以下有期徒刑，并处罚金。”第 3 款规定：“制作、复制淫秽的电影、录像等音像制品组织播放的，依照第二款的规定从重处罚。”

【案例】

钱某制作、贩卖、传播淫秽物品牟利案[①]

钱某曾因偷拍他人性行为被行政拘留，仍不思悔改，产生通过互联网贩卖偷拍视频文件牟利的想法。2017 年 11 月，钱某从网络上购买了多个偷拍设备，分别安装在多家酒店客房内，先后偷拍 51 对入住旅客的性行为，并将编辑、加工的偷拍视频文件保存至互联网云盘，通过非法网站、即时通信软件发布贩卖信息。2018 年 5 月 9 日，公安机关将钱某抓获，并在上述互联网云盘中检出偷拍视频 114 个。此外，钱某还以“付费包月观看”的方式，先后 182 次为他人通过偷拍设备实时观看入住旅客性行为或者下载偷拍视频提供互联网链接。2019 年 7 月 26 日，锦江区人民法院作出判决，采纳检察机关指控的犯罪事实和意见，以制作、贩卖、传播淫秽物品牟利罪判处钱某有期徒刑 3 年 6 个月，并处罚金人民币 5000 元。

① 北大法律信息网．检例第 139 号：钱某制作、贩卖、传播淫秽物品牟利案［EB/OL］．(2019 - 07 - 26)［2023 - 09 - 23］．https：//pkulaw. com/gac/f4b18d978bc0d1c74bad4a4522335d0886bca6b1420de8c7bdfb. html.

三、媒介内容与未成年人身心健康

（一）媒介内容面向未成年人的禁止性规范

媒介内容会对受众产生示范效应，对于鉴别能力差、模仿能力强的青少年来说，媒介内容的示范效应更为强烈。为减少那些淫秽、凶杀、暴力、恐怖、赌博等妨害未成年人身心健康的内容，我国的许多法律、行政法规都对面向未成年人传播的媒介内容作了禁止性规范。

我国《刑法》第 364 条中特别强调："向不满十八周岁的未成年人传播淫秽物品的，从重处罚。"《未成年人保护法》第 50 条规定："禁止制作、复制、出版、发布、传播含有宣扬淫秽、色情、暴力、邪教、迷信、赌博、引诱自杀、恐怖主义、分裂主义、极端主义等危害未成年人身心健康内容的图书、报刊、电影、广播电视节目、舞台艺术作品、音像制品、电子出版物和网络信息等。"第 51 条规定："任何组织或者个人出版、发布、传播的图书、报刊、电影、广播电视节目、舞台艺术作品、音像制品、电子出版物或者网络信息，包含可能影响未成年人身心健康内容的，应当以显著方式作出提示。"第 52 条规定："禁止制作、复制、发布、传播或者持有有关未成年人的淫秽色情物品和网络信息。"第 53 条规定："任何组织或者个人不得刊登、播放、张贴或者散发含有危害未成年人身心健康内容的广告；不得在学校、幼儿园播放、张贴或者散发商业广告；不得利用校服、教材等发布或者变相发布商业广告。"《出版管理条例》第 26 条规定："以未成年人为对象的出版物不得含有诱发未成年人模仿违反社会公德的行为和违法犯罪的行为的内容，不得含有恐怖、残酷等妨害未成年人身心健康的内容。"媒介应加强对未成年人物质、文化需求的关注和研究，努力生产和传播更符合未成年人身心特征、有利于未成年人健康成长的媒介内容。①

【案例】

上海市闵行区人民检察院督促履行密室、剧本杀监管职责行政公益诉讼案②

2021 年 8 月，闵行区人民检察院在办案中发现，部分涉案未成年人热衷参与密室、剧本杀活动；在开展法治宣传工作的过程中，也有多名学生反映，在密室、剧本杀体验时遭遇人身侵害及因其内容和环境产生心理不适等问题，密室、剧本杀等业态可能存在侵犯未成年人身心健康的情况和隐患。经评估，尽管现行法律并没有禁止未成年人体验密室、剧本杀活动，但该行业存在的违禁内容与安全隐患已违反了《出版管理条例》及《中华人民共和国未成年人保护法》的相关规定，相关行政部门却并未履职到位，未成年人的公共利益受到了严重侵犯。2021 年 9 月，闵行区人民检察院以行政公益诉讼立案。

① 阚敬侠. 新闻界在未成年人保护领域的义务 [J]. 社会治理，2021 (09)：36－40.

② 乐山市市中区人民检察院. 最高检典型案例：上海市闵行区人民检察院督促履行密室剧本杀监管职责行政公益诉讼案 [EB/OL]. (2023－03－27) [2023－09－22]. https：//www.szq.ls－jcy.gov.cn/szq/show－34626.html.

（二）媒介对未成年人的特殊保护规范

我国宪法规定了国家尊重和保障人权的基本原则，未成年人的生存权、发展权、受保护权、参与权等权利，是人权的重要部分，未成年人依法平等地享有上述各项权利。《未成年人保护法》第 49 条规定："新闻媒体应当加强未成年人保护方面的宣传，对侵犯未成年人合法权益的行为进行舆论监督。新闻媒体采访报道涉及未成年人事件应当客观、审慎和适度，不得侵犯未成年人的名誉、隐私和其他合法权益。"因此，对于涉及未成年人的媒介内容，尤其是新闻报道，要尽量客观，尤其要考虑互联网的负面效应，应避免涉事未成年人受到次生伤害，不能妨害涉事未成年人的成长。

第二节　媒介内容监管方式

媒介内容监管方式经历了从印刷术发展初期的事先限制制度向出版自由宪法化后的事后审查制度过渡的历史发展阶段。目前，大部分国家实行事后审查制度，但在一些国家，实行以事后追惩制为主、事先限制为辅的媒介内容监管方式。

一、事先限制

事先限制又称预防制，是指任何言论、报纸和书籍未经政府事先批准和核发执照不得发表和出版发行。事先限制包括许可证制、检查制、保证金制。

许可证制是政府用颁发经营执照的方法，决定谁是印刷媒体或电子媒体的创办人，谁有权经营这一行业，以此防止绝对的出版自由给国家安全、社会稳定带来危害。

检查制是指所有的手稿与校样在印刷前，送请政府书报检察官检查与核准的制度。例如，为了维护中央政府的权威，宋朝建立了统一的官方信息发布制度，并专门成立了管理各州进奏院业务的"都进奏院"，确立发报前审查的制度，即定本制度。

保证金制是一种经济限制手段，出版机构必须先缴纳一定数量的保证金，出版物方能出版。一旦出版物不符合要求，则保证金将被没收。

二、事后追惩

事后追惩又称追惩制，也称事后检查，是指出版前的新闻报纸、杂志、书籍、音像品等不受任何行政管理部门的检查或其他任何经济、行政上的约束，但在出版后，相关出版行政管理部门通过审读样书或社会舆论监督等方式，发现已出版的新闻报纸、杂志、书籍、音像品中的部分内容违反相关法律法规的禁止性规范，依照法律法规应当予以惩处的制度。

事后惩罚制度承认事先表达的自由，但又允许相关行政管理部门为了国家安全、社会稳定、保护公民合法权益等限制该自由的行使。相比事前限制，事后惩罚制度所施加的惩罚具有法律依据，是社会进步的重要标志，是法治社会的主要表现。

三、我国的媒介内容监管方式

我国媒介内容监管采取以主管主办单位双重管理为特征、以事后追惩为主要方式的管理体系。如我国《出版管理条例》第 49 条规定："出版行政主管部门应当加强对本行政区域内出版单位出版活动的日常监督管理；出版单位的主办单位及其主管机关对所属出版单位出版活动负有直接管理责任，并应当配合出版行政主管部门督促所属出版单位执行各项管理规定。"此规定确立了我国的出版行政主管部门和出版单位的主办单位的双重监管主体。

同时，《出版管理条例》第 62 条规定，出版、进口含有危害国家安全、损害国家利益、破坏社会安定、妨害未成年人身心健康等内容的出版物，触犯刑律的，依照刑法有关规定，依法追究刑事责任；尚不够刑事处罚的，由出版行政主管部门责令限期停业整顿，没收出版物、违法所得，违法经营额 1 万元以上的，并处违法经营额 5 倍以上 10 倍以下的罚款；违法经营额不足 1 万元的，可以处 5 万元以下的罚款；情节严重的，由原发证机关吊销许可证。这说明我国对出版物内容监管采取严格的事后刑事、行政等处罚制度，以保障出版内容的规范性。

第三节 传统媒介内容监管

一、书报刊内容监管

图书、报纸和期刊是最早的大众传播媒介，对其内容的监管是媒介监管的起点和重点，我国分别规定了报刊的审读制度、重大选题备案制度、禁载规范和对虚假报道的限制等内容。

（一）报刊审读制度

我国《报纸出版管理规定》确立了报刊事后审读制度以及报告制度等事后追惩制度，其中第 47 条规定："报纸出版管理实施报纸出版事后审读制度、报纸出版质量评估制度、报纸出版年度核验制度和报纸出版从业人员资格管理制度。报纸出版单位应当按照新闻出版总署的规定，将从事报纸出版活动的情况向新闻出版行政部门提出书面报告。"《期刊出版管理规定》确立了期刊事后审读制度以及报告制度等事后追惩制度，其第 45 条规定："期刊出版管理实施期刊出版事后审读制度、期刊出版质量评估制度、期刊年度核验制度和期刊出版从业人员资格管理制度。期刊出版单位应当按照新闻出版总署的规定，将从事期刊出版活动的情况向新闻出版行政部门提出书面报告。"

另外，《报纸出版管理规定》第 48 条规定："新闻出版总署负责全国报纸审读工作。地方各级新闻出版行政部门负责对本行政区域内出版的报纸进行审读。下级新闻出版行政部门要定期向上一级新闻出版行政部门提交审读报告。主管单位须对其主管的报纸进行审读，定期向所在地新闻出版行政部门报送审读报告。报纸出版单位应建立报纸阅评制度，定期写出阅评报告。新闻出版行政部门根据管理工作需要，可以随时调阅、检查报纸出版单位的阅评报告。”

《期刊出版管理规定》第 46 条规定：“新闻出版总署负责全国期刊审读工作。地方各级新闻出版行政部门负责对本行政区域内出版的期刊进行审读。下级新闻出版行政部门要定期向上一级新闻出版行政部门提交审读报告。主管单位须对其主管的期刊进行审读，定期向所在地新闻出版行政部门报送审读报告。期刊出版单位应建立期刊阅评制度，定期写出阅评报告。新闻出版行政部门根据管理工作的需要，可以随时调阅、检查期刊出版单位的阅评报告。”

《报纸出版管理规定》第 48 条、《期刊出版管理规定》第 45 条分别规定了新闻出版行政机关的审读、主管单位的审读和报刊出版单位的阅评等三个层面的审读制度。第一层面是新闻出版行政机关的审读，包括新闻出版总署的审读和地方各级新闻出版行政部门的审读，并要求下级新闻出版行政部门要定期向上一级新闻出版行政部门提交审读报告。第二层面是主管单位的审读，主管单位须对其主管的报纸进行审读，定期向所在地新闻出版行政部门报送审读报告。第三层面是报纸出版单位的阅评，报纸出版单位应建立报纸阅评制度，定期写出阅评报告。新闻出版行政部门根据管理工作需要，可以随时调阅、检查报纸出版单位的阅评报告。

（二）书报刊的重大选题备案制度

《出版管理条例》第 20 条规定：“图书出版社、音像出版社和电子出版物出版社的年度出版计划及涉及国家安全、社会安定等方面的重大选题，应当经所在地省、自治区、直辖市人民政府出版行政主管部门审核后报国务院出版行政主管部门备案；涉及重大选题，未在出版前报备案的出版物，不得出版。具体办法由国务院出版行政主管部门制定。期刊社的重大选题，应当依照前述规定办理备案手续。”

根据《出版管理条例》相关规定，为加强和改进出版物重大选题备案工作，国家新闻出版署颁布《图书、期刊、音像制品、电子出版物重大选题备案办法》，其中第 3 条对重大选题做了列举式的规定：“本办法所称重大选题，指涉及国家安全、社会稳定等方面内容选题，具体包括：（一）有关党和国家重要文件、文献选题。（二）有关现任、曾任党和国家领导人讲话、著作、文章及其工作和生活情况的选题，有关现任党和国家主要领导人重要讲话学习读物类选题。（三）涉及中国共产党历史、中华人民共和国历史上重大事件、重大决策过程、重要人物选题。（四）涉及国防和军队建设及我军各个历史时期重大决策部署、重要战役战斗、重要工作、重要人物选题。（五）集中介绍党政机构设置和领导干部情况选题。（六）专门或集中反映、评价‘文化大革命’等历史和重要事件、重要人物选题。（七）专门反映国民党重要人物和其他上层统战对象的选题。（八）涉及民族宗教问题选题。（九）涉及中国国界地图选题。（十）反映香港特别行政区、澳门特别行政区和台湾地区经济、政治、历史、文化、重要社会事务等选题。（十一）涉及苏联、东欧等社会主义时期重大事件和主要领导人选题。（十二）涉及外交方面重要工作选题。”该办法第 4 条规定：“编辑制作出版反映党和国家领导人生平、业绩、工作和生活经历的重大题材作品，实行统筹规划、归口审批，按照中央和国家有关文件要求办理立项手续。经批准立项的选题，出版前按规定履行重大选题备案程序。”

（三）书报刊的禁载规范

我国《出版管理条例》第25条对出版物禁止刊载的内容作出明确规定，被称为“禁载十条”，即任何出版物不得含有下列内容：反对宪法确定的基本原则的；危害国家统一、主权和领土完整的；泄露国家秘密、危害国家安全或者损害国家荣誉和利益的；煽动民族仇恨、民族歧视，破坏民族团结，或者侵害民族风俗、习惯的；宣扬邪教、迷信的；扰乱社会秩序，破坏社会稳定的；宣扬淫秽、赌博、暴力或者教唆犯罪的；侮辱或者诽谤他人，侵害他人合法权益的；危害社会公德或者民族优秀文化传统的；有法律、行政法规和国家规定禁止的其他内容的。

“禁载十条”成为其他媒介禁载的示范性条款和基础，《报纸出版管理规定》第25条、《期刊管理规定》第25条都直接表明报纸或期刊不得刊载《出版管理条例》和其他有关法律法规以及国家规定的禁止内容。

此外，为在出版管理上加强对未成年人的保护，《出版管理条例》第26条还规定：“以未成年人为对象的出版物不得含有诱发未成年人模仿违反社会公德的行为和违法犯罪的行为的内容，不得含有恐怖、残酷等妨害未成年人身心健康的内容。”

（四）对虚假报道的限制

我国法律坚决抵制虚假报道，要求书报刊等出版物，尤其是报纸和期刊开展新闻报道必须坚持新闻专业主义原则，不得刊载虚假、失实报道，因出版物内容不真实或虚假报道致使公民、法人或者其他组织的合法权益受到侵害的，其出版单位应当承担相应的民事责任。

《出版管理条例》第27条规定：“出版物的内容不真实或者不公正，致使公民、法人或者其他组织的合法权益受到侵害的，其出版单位应当公开更正，消除影响，并依法承担其他民事责任。报纸、期刊发表的作品内容不真实或者不公正，致使公民、法人或者其他组织的合法权益受到侵害的，当事人有权要求有关出版单位更正或者答辩，有关出版单位应当在其近期出版的报纸、期刊上予以发表；拒绝发表的，当事人可以向人民法院提起诉讼。”

《报纸出版管理条例》第26条规定：“报纸开展新闻报道必须坚持真实、全面、客观、公正的原则，不得刊载虚假、失实报道。报纸刊载虚假、失实报道，致使公民、法人或者其他组织的合法权益受到侵害的，其出版单位应当公开更正，消除影响，并依法承担相应民事责任。报纸刊载虚假、失实报道，致使公民、法人或者其他组织的合法权益受到侵害的，当事人有权要求更正或者答辩，报纸应当予以发表；拒绝发表的，当事人可以向人民法院提出诉讼。报纸因刊载虚假、失实报道而发表的更正或者答辩应自虚假、失实报道发现或者当事人要求之日起，在其最近出版的一期报纸的相同版位上发表。报纸刊载虚假或者失实报道，损害公共利益的，新闻出版总署或者省、自治区、直辖市新闻出版行政部门可以责令该报纸出版单位更正。”

《期刊出版管理条例》第26规定：“期刊刊载的内容不真实、不公正，致使公民、法人或者其他组织的合法权益受到侵害的，期刊出版单位应当公开更正，消除影响，并依法承担其他民事责任。期刊刊载的内容不真实、不公正，致使公民、法人或者其他组织的合法权益受到侵害的，当事人有权要求期刊出版单位更正或者答辩，期刊出版单位应当在其最近出版的一期期刊上予以发表；拒绝发表的，当事人可以向人民法院提出诉讼。期刊刊载的内容不真实、不公正，损害公共利益的，新闻出版总署或者省、自治区、直辖市新闻出版行政部门可以责令该期刊出版单位更正。”

二、广播电视内容监管

与书报刊内容不同，广播电视内容对于受众具有主动侵入性，所以对其监管措施要强于书报刊内容的监管，甚至需要进行诸如颁发许可证等的事前限制监管行为。

（一）广播电视内容监管的特殊原因

1. 广播电视和报刊相比对受众更具有主动侵入性

报刊不具有主动侵入性。报刊等平面媒体所承载的信息、思想或观点等，要想与读者发生关系，要想影响读者，一个必要的前提是读者必须受过非常系统和长期的阅读训练，必须具有相当的阅读能力，才能对平面媒体所传达的信息、思想和观点等进行成功的解码。不仅如此，读者还需要采取积极而主动的行动，自己要去找并且找来后还需要全身心地投入其中进行阅读。也就是说，平面媒体对人的影响是被动的，它不会主动去影响读者，不具有主动的侵入性。广播电视媒介天生具有活泼、跳动的特性，注定了人们会在没有主动选择它的时候，突然进入人们的视野，会不请自来，使受众连躲开的时间都没有。为了避免广播电视对受众，特别是对未成年人造成不良的影响，就需要政府加强对广播电视从业人员的监管，就需要通过许可证等方式，对经营广播电视者的资格进行严格的审查，就需要政府为广播电视节目制定更加严格的标准。

2. 广播电视的影响理论

广播电视比平面媒体容易吸引更多的受众，更容易同时对数量更多的受众产生影响，更容易对未成年人产生影响。阅读和书写需要经过长期的训练过程，需要熟悉复杂的术语和逻辑代码，但广播电视节目基本上是对现实生活场景的复制和重复，只要有基本的生活阅历和普通的智力，就可以理解它所要传达的内容。欣赏广播电视节目不需要经过专门的训练，不需要专业化的知识储备。

3. 频谱稀缺是对广播电视内容进行监管的原因

频谱稀缺是指广播电视等媒体在频道资源等方面具有天然的稀缺性。并不是每一个人都可以凭自己的能力、努力就可以拥有自己的电台和电视台。① 在这种情况下，就需要政府通过许可证制度，通过公开透明的程序，将经营广播电视的频道资源分配给那些最能够满足公众的便利、利益和需求的经营者。一方面确保经营主体的增多不会给电波这种有限的资源的运用带来混乱，另一方面也需要为那些无法拥有电台、电视台的人提供更好的、更全面的服务。

（二）我国广播电视监管主体

我国对广播电视内容监管分为各级广播电视管理部门管理、电视节目播出机构自审、

---

① 王四新．论广播电视规制的六种理论［J］．现代传播（中国传媒大学学报），2009（03）：41-43.

电视行业组织自律管理三层监管形式。

1. 各级广播电视管理部门管理

我国各级政府都设有专门的广播电视管理部门，国务院广播电视行政部门是我国最高一级的广播电视政府管理部门，根据《广播电视管理条例》第 5 条的规定："国务院广播电视行政部门负责全国的广播电视管理工作。县级以上地方人民政府负责广播电视行政管理工作的部门或者机构负责本行政区域内的广播电视管理工作。"国家广电总局的政策法规司负责广播影视法治建设和立法工作，广电总局收听收看中心则是专门负责节目内容监管的机构，长期负责全国各类节目的监听监看。

2. 电视节目播出机构自审

在节目内容规制方面，为了保证电视节目的政治导向，我国在电视业发展之初就要求电视播出机构在节目播出前对其进行审查，对重播节目进行重审，如《广播电视管理条例》第 33 条规定："广播电台、电视台对其播放的广播电视节目内容，应当依照本条例第三十二条的规定进行播前审查，重播重审。"因此，播前审查和重播重审一向是电视台对节目内容进行规制的重要手段。

3. 电视行业组织自律管理

《广播电视管理条例》第 6 条规定："全国性广播电视行业的社会团体按照其章程，实行自律管理，并在国务院广播电视行政部门的指导下开展活动。"

中国广播电视社会组织联合会是经中央编办批准使用事业编制的国家广电总局主管的社会组织，是我国广播电视行业的社会团体，对全国性广播电视行业实行自律管理。中国广播电视社会组织联合会既接受民政部社团登记管理部门的监督，同时又接受国家广电总局的业务指导和监督管理。其前身是 1986 年 10 月 15 日在北京成立的中国广播电视学会，2004 年经国家广电总局和民政部批准，中国广播电视学会更名为中国广播电视协会，2014 年更名为中国广播电影电视社会组织联合会，2019 年更名为中国广播电视社会组织联合会。

（三）我国广播电视内容监管的主要制度

1. 广播电视节目导向性规定

我国《广播电视管理条例》第 3 条明确规定："广播电视事业应当坚持为人民服务、为社会主义服务的方向，坚持正确的舆论导向。"

2. 广播电视节目事前审查和备案制度

我国广播电视节目事前审查有两种形式：一是《广播电视管理条例》第 33 条规定的播出机构审查（自审），即"广播电台、电视台对其播放的广播电视节目内容，应当依照本条例第三十二条的规定进行播前审查，重播重审"；二是《广播电视管理条例》第 39 条第 1 款规定的政府审查，即"用于广播电台、电视台播放的境外电影、电视剧，必须经国务院广播电视行政部门审查批准。用于广播电台、电视台播放的境外其他广播电视节目，必须经国务院广播电视行政部门或者其授权的机构审查批准"。另外，《广播电视管理条例》第 39 条第 2 款规定了向境外提供的广播电视节目的备案制度，即"向境外提供的广播电视节目，应当按照国家有关规定向省级以上人民政府广播电视行政部门备案"。

3. 广播电视节目事后检查制度

广播电视节目事后检查制度主要是事后监测评议制度。《卫星传输广播电视节目管理办法》第16条规定："广播电视行政部门设立监测中心，负责对卫星广播电视节目进行监测，并定期报告监测情况。"第17条规定："广播电影电视部设立视听评议机构，负责对卫星广播电视节目进行收听、收看和评议，并定期公布评议结果。"

4. 广播电视禁播规定

《广播电视管理条例》第32条的规定被视为广播电台和电视台的禁播规范："广播电台、电视台应当提高广播电视节目质量，增加国产优秀节目数量，禁止制作、播放载有下列内容的节目：（一）危害国家的统一、主权和领土完整的；（二）危害国家的安全、荣誉和利益的；（三）煽动民族分裂，破坏民族团结的；（四）泄露国家秘密的；（五）诽谤、侮辱他人的；（六）宣扬淫秽、迷信或者渲染暴力的；（七）法律、行政法规规定禁止的其他内容。"

除此之外，广播电视节目还有一些其他禁播规范：(1) 没有取得节目制作经营许可证的单位制作的节目；(2) 未经审查批准的境外电影、电视剧和其他节目；(3) 按照《著作权法》规定须经著作权人许可方可使用的作品；(4) 未经批准擅自以卫星等传输方式进口、转播的境外广播电视节目；(5) 教育电视台播放的与教学内容无关的电影、电视片。

5. 广播电视直播延时制度

(1) 广播电视直播延时的原因。

国家广播电视总局为确保群众参与的广播电视直播节目导向正确和播出安全，进一步加强对群众参与的广播电视直播节目的管理，要求各级广电部门要高度重视群众参与的广播电视直播节目管理工作，严格执行中宣部、国家广电总局《关于加强广播电视群众参与的直播节目管理的通知》和国家广电总局《群众参与的广播电视直播节目管理暂行办法》的有关规定，健全完善有关制度，确保群众参与的广播电视直播节目导向正确和播出安全。

(2) 直播延时的法律依据。

我国直播延时的法律依据有1999年《关于加强广播电视群众参与的直播节目管理的通知》和2004年《关于群众参与的广播电视直播节目必须延时播出的通知》。

(3) 直播延时的适用范围。

群众参与的各类广播电视直播节目（包括新闻、体育、文艺等），一律延时播出。没有延时设备的电台、电视台，不得播出群众参与的广播电视直播节目。具体包括：听众、观众通过热线电话等形式参与的电台、电视台、有线广播电视台、广播电视台的直播节目或栏目；有听众、观众现场参与的广播电视直播节目或栏目；现场转播其他部门的有听众、观众参与的节目。

(4) 直播延时时间长度。

所有群众参与的电视直播节目一律延时20秒以上播出。群众参与的广播直播节目，如果与当地电视台直播同一活动，需与电视台同步延时20秒以上；如果单独直播，需延时6秒以上。

【案例】

开奖直播改录播且延时8分钟　福彩中心被诉欺诈①

原告马××称，2005年福彩中心在多家媒体上承诺此后双色球福利彩票开奖将采用现场直播形式。看到上述广告后，原告于同年8月18日购买了双色球第2005096期福利彩票，但事后原告发现福彩中心在开奖中，延时了8分钟播出。原告提出，依照广电总局《关于群众参与的广播电视直播节目必须延时播出的通知》的规定，延长时间是20秒。而福彩中心设定延时的8分钟已超过整个节目时间，说明这次延时不是工作失误，而是福彩中心有意欺诈彩民。福彩中心代理人在法庭上表示，2004年4月1日以前，福彩中心对福利彩票的开奖形式采用的是录播形式。此后，为进一步增强开奖的透明度，扩大覆盖面，加大社会监督力度，福彩中心改为直播播出，并为此投入了巨大的人力和财力资源。被告还邀请了社会有关人士、媒体记者和彩民代表到现场观看开奖全过程，并由彩民亲自将双色球装进摇奖机。由于同期直播不利于控制突发事件，特别是类似直播双色球这种群众参与的直播节目，现场彩民代表众多，摇奖情况复杂多变，很多不可预料的情况都有可能发生。广电总局颁布的《关于群众参与的广播电视直播节目必须延时播出的通知》明确要求必须延时直播，同时规定，群众参与的直播节目需延时20秒以上。因此福彩中心的延时直播行为并未违反相关规定。为保证开奖过程的客观公正，被告还邀请了公证员对开奖的录制过程进行了现场公证。因此，开奖过程是真实、公正和合法的。人民法院经审理认为，由于第2005096期“双色球”福利彩票开奖系在彩民代表见证下进行，而福彩中心又公开承诺双色球开奖过程采用电视直播方式播出，根据国家广播电影电视总局《关于群众参与的广播电视直播节目必须延时播出的通知》规定，对于这种由群众参与的电视直播节目须延时20秒以上播出，但通知并未就延时时间的上限进行规定，故第2005096期“双色球”开奖节目延时8分钟播出，未违反该通知规定，且马××对该期彩票开奖的过程及结果并未提出质疑，仅凭开奖节目延时8分钟播出即推断该期节目的电视播出方式为录播，并由此认定福彩中心有意欺诈彩民，缺乏相关证据。

三、电影内容监管

（一）电影内容审查制度的概念

电影内容审查是指具有法定权力的机构对电影内容进行审查，并对合格的影片许可发行、放映的一项制度。电影内容审查属于许可证的范畴，是一种典型的事先限制，这是因为电影是一种具有强烈意义和价值的文化产品，它所传达的价值观念、道德观念、文化符号都对观众有着深刻的影响。电影也是一种跨越国界的文化形式，好的电影能够促进不同

① 中国法院网．开奖直播改录播且延时　福彩中心被诉欺诈［EB/OL］.（2007-01-25）［2023-09-25］. https://www.chinacourt.org/article/detail/2007/01/id/232878.shtml.

国家和民族之间的相互交流和理解。所以，为保证电影中正确的价值观和文化传播，对电影内容进行适当的审查和批准是合理的。

（二）我国电影内容审查制度

1. 我国电影内容审查的目的

我国电影内容审查是为了加强对电影行业的管理，发展和繁荣电影事业，满足人民群众的文化生活需要，促进社会主义物质文明和精神文明建设。从事电影片的制片、进口、出口、发行和放映等活动，应当遵守宪法和有关法律法规，坚持为人民服务、为社会主义服务的方向。

2. 我国电影审查主体和审查对象

电影内容审查制度的主要法律依据有国务院 1996 年颁布、2001 年修订、2002 年施行的《电影管理条例》，2006 年广电总局颁布、2017 年修订的《电影剧本（梗概）备案、电影片管理规定》，2004 年广电总局颁布、2017 年修订的《中外合作摄制电影片管理规定》等。

《电影管理条例》第 4 条确立了我国电影行政部门的两级审查制度："国务院广播电影电视行政部门主管全国电影工作，县级以上地方人民政府管理电影的行政部门，依照本条例的规定负责本行政区域内的电影管理工作。"根据《电影管理条例》的规定，广播电影电视总局设立电影审查委员会和电影复审委员会，以及获得广电总局委托的省级广播影视行政部门成立的电影审查机构。电影审查机构成员的构成基本上遵循多元化原则，并吸收社会多元力量的加入，包括来自文化、教育、民族、宗教等十几个有关部门和单位的代表。

《电影管理条例》适用于中华人民共和国境内的故事片、纪录片、科教片、美术片、专题片等电影片的制片、进口、出口、发行和放映等活动。《电影剧本（梗概）备案、电影片管理规定》适用于在中华人民共和国境内公映的各类故事片、纪录片、科教片、动画片、专题片（含以上各类型的中外合拍片）等的电影剧本（梗概）备案、电影片审查和进口片审查。《中外合作摄制电影片管理规定》适用于中外电影制片者在中国境内外合作摄制的故事片、美术片、科教片、纪录片、专题片等电影片（含胶片电影、数字电影、电视电影等）。

（三）我国电影内容审查的方式

我国现行的电影审查程序可以从以下两套并行制度来理解：一是剧本备案制和特殊影片审查制并存；二是中央审查和属地审查并存。

1. 电影剧本（梗概）拍摄前"一备两审"制度

《电影剧本（梗概）备案、电影片管理规定》确认了国家实行电影剧本（梗概）备案制，未经备案的电影剧本（梗概）不得拍摄。对于重大革命和重大历史题材影片、重大文献纪录影片、中外合作摄制影片需报送剧本立项审查。即对于一般影片而言，采用剧本梗概备案制，制片方不必将整个剧本进行报送，而只需提交故事梗概即可；重大革命历史题材等四类特殊影片仍然要遵循严格的、详明的一式三份审批制。

对于重大革命和重大历史题材影片、重大文献纪录影片、中外合作摄制影片需报送剧本立项审查，我国适用属地审查和中央审查的“两审”方式。广电总局 2010 年 5 月 10 日发布《关于电影全面实行“一备二审制”的公告》，要求各省级广电部门负责本行政区域内的各电影制片单位的电影剧本（梗概）备案工作，并及时向广电总局上报备案情况。拍摄重大革命和重大历史题材影片、重大理论文献影片和中外合作影片，由省级广电部门审核电影剧本后，按相关管理规定报广电总局进行立项审批。重大革命和重大历史题材影片、重大理论文献影片和中外合作的影片，由省级广电部门对电影剧本进行初审，再报广电总局进行二审，审核通过的方可进行立项。

2. 公映许可制

我国对电影内容审查，除了电影（梗概）拍摄前“一备两审”制度外，还有对电影的制片、进口、出口、发行、放映实行许可制度。未经许可，任何单位和个人不得从事电影片的摄制、进口、发行、放映活动，不得进口、出口、发行、放映未取得许可证的电影片。

电影的摄制完成后，制片单位应向广电总局电影审查委员会提出审查申请，广电总局电影审查委员会自收到相关材料之日起 20 个工作日内作出审查决定。审查合格的，发给影片审查决定书和电影片公映许可证。实行属地审查的省级广电部门依照相关规定进行电影片审查，审查合格的，颁发影片审查决定书和送审标准拷贝技术鉴定书；制片单位持影片审查决定书、送审标准拷贝技术鉴定书及相关材料，到广电总局领取电影片公映许可证。

制片单位在领取电影片公映许可证后，方可发行、放映。电影完成片未经审查，或审查未通过，不得进入市场进行发行、放映、进出口，否则当事人要承担相应的法律责任。

（四）我国电影审查禁止标准

我国电影审查禁止标准是对在我国发行和放映的所有电影内容提出的最低要求，即电影内容要考虑到国家利益、公共利益、民族、宗教、社会秩序、社会公德等各个方面，也就是《电影管理条例》第 25 条中所列举的“禁载十条”：“（一）反对宪法确定的基本原则的；（二）危害国家统一、主权和领土完整的；（三）泄露国家秘密、危害国家安全或者损害国家荣誉和利益的；（四）煽动民族仇恨、民族歧视，破坏民族团结，或者侵害民族风俗、习惯的；（五）宣扬邪教、迷信的；（六）扰乱社会秩序，破坏社会稳定的；（七）宣扬淫秽、赌博、暴力或者教唆犯罪的；（八）侮辱或者诽谤他人，侵害他人合法权益的；（九）危害社会公德或者民族优秀文化传统的；（十）有法律、行政法规和国家规定禁止的其他内容的。”如果电影片的主旨、主题和主要内容违反这些禁止规定，则整部影片都要被禁止。

（五）我国电影审查删节修改标准

《电影剧本（梗概）备案、电影片管理规定》第 14 条对电影审查删节修改标准进行了较为详细的规定：“电影片有下列情形的，应删剪修改：（一）曲解中华文明和中国历史，严重违背历史史实；曲解他国历史，不尊重他国文明和风俗习惯；贬损革命领袖、英雄人物、重要历史人物形象；篡改中外名著及名著中重要人物形象的；（二）恶意贬损人民军队、武装警察、公安和司法形象的；（三）夹杂淫秽色情和庸俗低级内容，展现淫乱、强奸、卖淫、嫖娼、性行为、性变态等情节及男女性器官等其他隐秘部位；夹杂肮脏低俗的台词、歌曲、背景音乐及声音效果等；（四）夹杂凶杀、暴力、恐怖内容，颠倒真假、善恶、美丑的价值取向，混淆正义与非正义的基本性质；刻意表现违法犯罪嚣张气焰，具体展示犯罪行为细节，暴露特殊侦查手段；有强烈刺激性的凶杀、血腥、暴力、吸毒、赌博等情节；有虐待俘虏、刑讯逼供罪犯或犯罪嫌疑人等情节；有过度惊吓恐怖的画面、台词、背景音乐及声音效果；（五）宣扬消极、颓废的人生观、世界观和价值观，刻意渲染、夸大民族愚昧落后或社会阴暗面的；（六）鼓吹宗教极端主义，挑起各宗教、教派之间，信教与不信教群众之间的矛盾和冲突，伤害群众感情的；（七）宣扬破坏生态环境，虐待动物，捕杀、食用国家保护类动物的；（八）过分表现酗酒、吸烟及其他陋习的；（九）违背相关法律法规精神的。”

第四节　互联网媒介内容监管

互联网的普及，微博、微信等各种社交媒体的使用，各大直播平台、短视频平台的信息内容层出不穷，虚假信息、恶意攻击、色情、暴力等问题在互联网上屡见不鲜，给社会稳定和个人安全带来了严重威胁，也给言论自由和媒介监管带来了前所未有的挑战，媒介监管呈现新特征。

一、互联网监管的基础性法律规范

早期的互联网监管主要通过对管道的监管，保证我国国际联网的可管可控，从而实现内容监管目标。1994 制定的《计算机信息系统安全保护条例》是我国第一部涉及互联网管理的行政法规。此后三年间，我国集中针对国际联网出台了若干法规和政策，开创了中国互联网监管的奠基性制度，其中国际出入口信道专营制度，联网接入的许可、备案制度，计算机系统等级保护制度等很多规定沿用至今，在实践中发挥了重要作用。

2000 年出台、2011 年修订的《互联网信息服务管理办法》是我国互联网内容监管的基础性法规，它的出台标志着监管从早期的渠道层向应用层深化。《互联网信息服务管理办法》建立了我国全面互联网内容监管制度：（1）确立了新闻、出版、教育等互联网信息服务的前后置审批的双重许可制度（即有关管理部门的前置审批加电信管理部门的许可或备案）；（2）明确互联网信息内容的“九不准”原则；（3）建立了完善的互联网内容监管机制，包括：合法经营主体公示制度、上网信息记录制度、违法信息保存与报告制度、协同配合制度。全面引入了事前（以许可为主）、事中（以企业监测为主）、事后（以关闭网站、吊销许可为主）的全流程管理手段。

2016 年 11 月通过的《网络安全法》明确要求“维护网络空间主权和国家安全”，在法律上明确网络安全是构筑国家安全的重要基石，网络安全将从战略意识全面走向监管实践。《网络安全法》将原来散见于各种法规、规章中的规定上升到人大法律层面，对网络运营者等主体的法律义务和责任做了全面规定，包括守法义务，遵守社会公德、商业道德义务，诚实信用义务，网络安全保护义务，接受监督义务，承担社会责任等。《网络安全法》是我国第一部全面规范网络空间安全管理方面问题的基础性法律，是我国网络空间法治建设的重要里程碑，是依法治网、化解网络风险的法律重器，是让互联网在法治轨道上健康运行的重要保障。

《互联网信息服务管理办法》和《网络安全法》作为重要的互联网信息服务和网络安全的上位法，为各部委开展网络出版、网络新闻信息服务、通信工具公众信息服务、互联网直播服务、互联网群组信息服务管理、网络秀场直播和电商直播、网络短视频等部门规章立法，确立更为详细的互联网内容监管规范提供了法律依据。

二、网络出版的监管

（一）网络出版服务及网络出版物的界定

2016年《网络出版服务管理规定》出台，该规定明确了网络出版服务是指通过信息网络向公众提供网络出版物。网络出版物是指通过信息网络向公众提供的，具有编辑、制作、加工等出版特征的数字化作品，范围主要包括：文学、艺术、科学等领域内具有知识性、思想性的文字、图片、地图、游戏、动漫、音视频读物等原创数字化作品；与已出版的图书、报纸、期刊、音像制品、电子出版物等内容相一致的数字化作品；将上述作品通过选择、编排、汇集等方式形成的网络文献数据库等数字化作品；国家新闻出版广电总局认定的其他类型的数字化作品。

（二）网络出版服务批准制

我国对网络出版服务采取许可证制的批准制。《网络出版服务管理规定》第7条要求从事网络出版服务，必须依法经过出版行政主管部门批准，取得网络出版服务许可证。

同时，《网络出版服务管理规定》第8条规定："图书、音像、电子、报纸、期刊出版单位从事网络出版服务，应当具备以下条件：（一）有确定的从事网络出版业务的网站域名、智能终端应用程序等出版平台；（二）有确定的网络出版服务范围；（三）有从事网络出版服务所需的必要的技术设备，相关服务器和存储设备必须存放在中华人民共和国境内。"第9条规定："其他单位从事网络出版服务，除第八条所列条件外，还应当具备以下条件：（一）有确定的、不与其他出版单位相重复的，从事网络出版服务主体的名称及章程；（二）有符合国家规定的法定代表人和主要负责人，法定代表人必须是在境内长久居住的具有完全行为能力的中国公民，法定代表人和主要负责人至少1人应当具有中级出版专业技术人员职业资格；（三）除法定代表人和主要负责人外，有适应网络出版服务范围需要的8名以上具有国家新闻出版广电总局认可的出版及相关专业技术职业资格的专职编辑出版人员，其中具有中级以上职业资格的人员不得少于3名；（四）有从事网络出版服务所需的内容审校制度；（五）有固定的工作场所；（六）法律、行政法规和国家新闻出版广电总局规定的其他条件。"

（三）网络出版物内容的监管

1. 网络出版物的编辑责任制

《网络出版服务管理规定》第23条规定："网络出版服务单位实行编辑责任制度，保障网络出版物内容合法。网络出版服务单位实行出版物内容审核责任制度、责任编辑制度、责任校对制度等管理制度，保障网络出版物出版质量。"

2. 网络出版物的禁载规范

作为《出版管理条例》的下位法，《网络出版服务管理规定》沿袭了《出版管理条例》的“禁载十条”，在第 24 条中规定：“网络出版物不得含有以下内容：（一）反对宪法确定的基本原则的；（二）危害国家统一、主权和领土完整的；（三）泄露国家秘密、危害国家安全或者损害国家荣誉和利益的；（四）煽动民族仇恨、民族歧视，破坏民族团结，或者侵害民族风俗、习惯的；（五）宣扬邪教、迷信的；（六）散布谣言，扰乱社会秩序，破坏社会稳定的；（七）宣扬淫秽、色情、赌博、暴力或者教唆犯罪的；（八）侮辱或者诽谤他人，侵害他人合法权益的；（九）危害社会公德或者民族优秀文化传统的；（十）有法律、行政法规和国家规定禁止的其他内容的。”同时，《网络出版服务管理规定》第 25 条规定：“为保护未成年人合法权益，网络出版物不得含有诱发未成年人模仿违反社会公德和违法犯罪行为的内容，不得含有恐怖、残酷等妨害未成年人身心健康的内容，不得含有披露未成年人个人隐私的内容。”

3. 网络出版物的重大选题备案

《网络出版服务管理规定》不仅沿袭了《出版管理条例》的“禁载十条”和未成年人保护条款，还保留了重大选题备案的要求，其中第 26 条规定：“网络出版服务单位出版涉及国家安全、社会安定等方面重大选题的内容，应当按照国家新闻出版广电总局有关重大选题备案管理的规定办理备案手续。未经备案的重大选题内容，不得出版。”

4. 网络游戏审批制

互联网游戏出版物是指通过计算机应用程序，将图文声像等游戏内容经过选择、编辑和数字化制作加工，以互联网（含局域网、专网）为传播载体，发送至电脑、电视、手机等用户终端，供多人同时在线浏览、阅读、使用或者下载的互联网游戏软件作品。《网络出版服务管理规定》将互联网游戏出版物纳入网络出版物的范畴，确定其发行审批制，其中第 27 条规定：“网络游戏上网出版前，必须向所在地省、自治区、直辖市出版行政主管部门提出申请，经审核同意后，报国家新闻出版广电总局审批。”

三、互联网新闻内容监管的相关规定

（一）互联网新闻信息的界定

2017 年《互联网新闻信息服务管理规定》出台，该规定明确了新闻信息的定义，即新闻信息包括有关政治、经济、军事、外交等社会公共事务的报道、评论，以及有关社会突发事件的报道、评论。互联网新闻信息服务，包括互联网新闻信息采编发布服务、转载服务、传播平台服务。提供互联网新闻信息服务，应当遵守宪法、法律和行政法规，坚持为人民服务、为社会主义服务的方向，坚持正确舆论导向，发挥舆论监督作用，促进形成积极健康、向上向善的网络文化，维护国家利益和公共利益。

（二）互联网新闻信息服务许可制

《互联网新闻信息服务管理规定》第 4 条确认了互联网新闻信息服务的两级管理制，即“国家互联网信息办公室负责全国互联网新闻信息服务的监督管理执法工作。地方互联网信息办公室依据职责负责本行政区域内互联网新闻信息服务的监督管理执法工作。”要求通过互联网站、应用程序、论坛、博客、微博客、公众账号、即时通信工具、网络直播等形式向社会公众提供互联网新闻信息服务，应当取得互联网新闻信息服务许可，禁止未经许可或超越许可范围开展互联网新闻信息服务活动。

同时，《互联网新闻信息服务管理规定》第6条规定申请互联网新闻信息服务许可，应当具备下列条件：(1) 在中华人民共和国境内依法设立的法人；(2) 主要负责人、总编辑是中国公民；(3) 有与服务相适应的专职新闻编辑人员、内容审核人员和技术保障人员；(4) 有健全的互联网新闻信息服务管理制度；(5) 有健全的信息安全管理制度和安全可控的技术保障措施；(6) 有与服务相适应的场所、设施和资金。申请互联网新闻信息采编发布服务许可的，应当是新闻单位（含其控股的单位）或新闻宣传部门主管的单位。

（三）互联网新闻内容监管的相关规定

1. 互联网新闻的总编辑负责制

《互联网新闻信息服务管理规定》第11条规定："互联网新闻信息服务提供者应当设立总编辑，总编辑对互联网新闻信息内容负总责。总编辑人选应当具有相关从业经验，符合相关条件，并报国家或省、自治区、直辖市互联网信息办公室备案。互联网新闻信息服务相关从业人员应当依法取得相应资质，接受专业培训、考核。互联网新闻信息服务相关从业人员从事新闻采编活动，应当具备新闻采编人员职业资格，持有国家新闻出版广电总局统一颁发的新闻记者证。"

2. 互联网新闻信息内容的禁止规范

《互联网新闻信息服务管理规定》第16条规定："互联网新闻信息服务提供者和用户不得制作、复制、发布、传播法律、行政法规禁止的信息内容。互联网新闻信息服务提供者提供服务过程中发现含有违反本规定第三条或前款规定内容的，应当依法立即停止传输该信息、采取消除等处置措施，保存有关记录，并向有关主管部门报告。"

3. 互联网新闻信息转载注意义务

《互联网新闻信息服务管理规定》第15条规定："互联网新闻信息服务提供者转载新闻信息，应当转载中央新闻单位或省、自治区、直辖市直属新闻单位等国家规定范围内的单位发布的新闻信息，注明新闻信息来源、原作者、原标题、编辑真实姓名等，不得歪曲、篡改标题原意和新闻信息内容，并保证新闻信息来源可追溯。互联网新闻信息服务提供者转载新闻信息，应当遵守著作权相关法律法规的规定，保护著作权人的合法权益。"

（四）即时通信工具的新闻信息监管

2014年国家网信办出台《即时通信工具公众信息服务发展管理暂行规定》（即"微信十条"），其中第7条规定："即时通信工具服务使用者为从事公众信息服务活动开设公众账号，应当经即时通信工具服务提供者审核，由即时通信工具服务提供者向互联网信息内容主管部门分类备案。新闻单位、新闻网站开设的公众账号可以发布、转载时政类新闻，取得互联网新闻信息服务资质的非新闻单位开设的公众账号可以转载时政类新闻。其他公众账号未经批准不得发布、转载时政类新闻。"所谓时政类新闻，是指包括有关政治、经济、军事、外交等社会公共事务的报道、评论，以及有关社会突发事件的报道、评论。即时通信工具服务提供者应当对可以发布或转载时政类新闻的公众账号加注标识。

四、互联网直播的监管

为加强对互联网直播服务的管理，保护公民、法人和其他组织的合法权益，维护国家安全和公共利益，2016 年 11 月 4 日，国家互联网信息办公室发布了《互联网直播服务管理规定》。

（一）互联网直播的活动范围

《互联网直播服务管理规定》明确，互联网直播是指基于互联网，以视频、音频、图文等形式向公众持续发布实时信息的活动；该规定所称互联网直播服务提供者，是指提供互联网直播平台服务的主体；该规定所称互联网直播服务使用者，包括互联网直播发布者和用户。提供互联网直播服务，应当遵守法律法规，坚持正确导向，大力弘扬社会主义核心价值观，培育积极健康、向上向善的网络文化，维护良好网络生态，维护国家利益和公共利益，为广大网民特别是青少年成长营造风清气正的网络空间。

（二）互联网直播新闻信息服务的许可制

《互联网直播服务管理规定》第 5 条规定："互联网直播服务提供者提供互联网新闻信息服务的，应当依法取得互联网新闻信息服务资质，并在许可范围内开展互联网新闻信息服务。开展互联网新闻信息服务的互联网直播发布者，应当依法取得互联网新闻信息服务资质并在许可范围内提供服务。"第 10 条规定："互联网直播发布者发布新闻信息，应当真实准确、客观公正。转载新闻信息应当完整准确，不得歪曲新闻信息内容，并在显著位置注明来源，保证新闻信息来源可追溯。"

（三）互联网直播内容的限制性规定

《互联网直播服务管理规定》第 9 条明确规定："互联网直播服务提供者以及互联网直播服务使用者不得利用互联网直播服务从事危害国家安全、破坏社会稳定、扰乱社会秩序、侵犯他人合法权益、传播淫秽色情等法律法规禁止的活动，不得利用互联网直播服务制作、复制、发布、传播法律法规禁止的信息内容。"第 11 条规定："互联网直播服务提供者应当加强对评论、弹幕等直播互动环节的实时管理，配备相应管理人员。互联网直播发布者在进行直播时，应当提供符合法律法规要求的直播内容，自觉维护直播活动秩序。用户在参与直播互动时，应当遵守法律法规，文明互动，理性表达。"

（四）互联网直播实名制及登记审核制

《互联网直播服务管理规定》要求互联网直播服务提供者应当按照"后台实名、前台自愿"的原则，对互联网直播用户进行基于移动电话号码等方式的真实身份信息认证，对互联网直播发布者进行基于身份证件、营业执照、组织机构代码证等的认证登记。互联网直播服务提供者应当对互联网直播发布者的真实身份信息进行审核，向所在地省、自治区、直辖市互联网信息办公室分类备案，并在相关执法部门依法查询时予以提供。

（五）网络秀场直播和电商直播的监管

近年来，网络秀场直播、电商直播节目大量涌现，成为互联网经济中非常活跃的现象，也成为网络视听节目建设管理工作需要重视的问题。为加强对网络秀场直播和电商直播的引导规范，强化导向和价值引领，营造行业健康生态，防范遏制低俗庸俗媚俗等不良风气滋生蔓延，国家出版广电总局要求网络秀场直播平台、电商直播平台要坚持社会效益优先的正确方向，积极传播正能量，展现真善美，着力塑造健康的精神情趣，促进网络视听空间清朗。要积极研究推动网络视听节目直播服务内容和形式创新，针对受众特点和年龄分层，播出推荐追求劳动创造、展示有益才艺和健康生活情趣等价值观积极的直播节目。以价值观为导向打造精品直播间版块或集群，让有品位、有意义、有意思、有温度的直播节目占据好位置，获得大流量。要切实采取有力措施，不为违法失德艺人提供公开出镜发声机会，防范遏制炫富拜金、低俗媚俗等不良风气在直播领域滋生蔓延，冲击社会主义核心价值观，污染网络视听生态。

1. 主体责任制

2020 年国家广播电视总局发布《关于加强网络秀场直播和电商直播管理的通知》，要求开办网络秀场直播或电商直播的平台要切实落实主体责任，着力健全网络直播业务各项管理制度、责任制度、内容安全制度和人资物配备，积极参与行风建设和行业自律，共同推进网络秀场直播和电商直播活动规范有序健康发展。

2. 管建同步

开办网络秀场直播或电商直播的平台要落实管建同步的原则，把平台管理力量与直播间开办能力相匹配的要求精准落实到数到人。现阶段，相关平台的一线审核人员与在线直播间数量总体配比不得少于 1∶50，要加大对审核人员的培训力度，并将通过培训的审核人员在“审核员信息管理系统”中进行登记。鼓励有能力的平台采取优于总体配比的要求加强审核能力建设，适应网络舆情变化对直播间和主播的监看审核力量进行动态调整强化。平台每季度应向省级广播电视主管部门报备直播间数量、主播数量和审核员数量。社会知名人士及境外人员开设直播间，平台应提前向广播电视主管部门报备。

3. 标签分类管理

网络秀场直播平台要对直播间节目内容和对应主播实行标签分类管理，按“音乐”“舞蹈”“唱歌”“健身”“游戏”“旅游”“美食”“生活服务”等进行分类标注。根据不同内容的秀场直播节目特点，研究采取有针对性的扶优罚劣管理措施。各秀场直播间均须在直播页面标注节目类别和直播间号码。主播改变直播间节目类别，须经网站审核，未通过审核的，不得擅自变更。

4. 业务评分档案

网络秀场直播平台要建立直播间和主播的业务评分档案，细化节目质量评分和违规评分等级，并将评分与推荐推广挂钩。要做好主播尤其是头部主播政策法律法规和相关知识培训。对于多次出现问题的直播间和主播，应采取停止推荐、限制时长、排序沉底、限期整改等处理措施。对于问题性质严重、屡教不改的，关闭直播间，将相关主播纳入黑名单并向广播电视主管部门报告，不允许其更换“马甲”或更换平台后再度开播。

5. 实名制管理

网络秀场直播平台要对网络主播和“打赏”用户实行实名制管理。未实名制注册的用户不能打赏，未成年用户不能打赏。要通过实名验证、人脸识别、人工审核等措施，确保实名制要求落到实处，封禁未成年用户的打赏功能。[①] 平台应对用户每次、每日、每月最高打赏金额进行限制。在用户每日或每月累计“打赏”达到限额一半时，平台应有消费提醒，经短信验证等方式确认后，才能进行下一步消费，达到“打赏”每日或每月限额，应暂停相关用户的“打赏”功能。平台应对“打赏”设置延时到账期，如主播出现违法行为，平台应将“打赏”返还用户。平台不得采取鼓励用户非理性“打赏”的运营策略。对发现相关主播及其经纪代理通过传播低俗内容、有组织炒作、雇佣水军刷礼物等手段，暗示、诱惑或者鼓励用户大额“打赏”，或引诱未成年用户以虚假身份信息“打赏”的，平台须对主播及其经纪代理进行处理，列入关注名单，并向广播电视主管部门书面报告。

网络电商直播平台要对开设直播带货的商家和个人进行相关资质审查和实名认证，完整保存审查和认证记录，不得为无资质、无实名、冒名登记的商家或个人开通直播带货服务。平台须对相关信息的真实性定期进行复核，发现问题及时纠正。要对头部直播间、头部主播及账号、高流量或高成交的直播带货活动进行重点管理，加强合规性检查。要探索建立科学分类分级的实时动态管理机制，设置奖惩退禁办法，提高甄别和打击数据造假的能力，为维护诚信市场环境发挥积极作用。

五、网络短视频的监管

（一）网络短视频的著作权保护

2018 年 9 月 14 日，国家版权局约谈 15 家短视频平台企业，要求相关短视频平台企业进一步提高版权保护意识，切实加强版权制度建设，全面履行企业主体责任。一是加强内容版权管理，要坚持先授权后传播的著作权法基本原则，规范内容版权管理使用制度，未经授权不得直接复制、表演、传播他人影视、音乐、摄影、文字等作品，不得以用户上传为名、滥用“避风港”规则对他人作品进行侵权传播。二是加强维权管理，要完善版权投诉处理机制，履行好法定的“通知—删除”义务，及时受理权利人的通知投诉，并快速移除相关侵权作品或断开相关侵权链接。三是加强侵权处置，采取有效措施防止用户未经许可违法上传、分享他人作品的行为，特别是以合理使用为名对他人作品删减改编并通过网络传播的行为。对于多次侵权被投诉的用户，应当采取列入黑名单、暂停或者终止服务等处罚措施。四是加强社会共治，对国家版权局发布的重点保护预警作品及权利人提交的热播热映作品，要加强版权审核并及时处置。要履行好违法犯罪线索报告和配合调查义务，完整保存用户注册信息，及时提供相关线索信息，对涉嫌严重侵权的用户及时向版权执法部门进行举报，版权执法部门将依法严厉查处，对于情节严重的将移交公安机关予以刑事处理。国家版权局将重点打击短视频领域侵权盗版行为，引导短视频平台企业规范版权授权和传播规则，强化版权保护行业自律，推动相关权利人组织与短视频企业建立版权保护合作机制，推动短视频行业健康发展，为广大网民提供风清气正的网络版权环境。

（二）网络短视频的内容导向

2018 年 11 月，国家广播电视总局发布《关于进一步加强广播电视和网络视听文艺节

① 陈颖婷．未成年用户不能打赏［N］．上海法治报，2020-11-24（1）．

目管理的通知》，要求各广播电视播出机构、网络视听节目服务机构、节目制作机构牢牢把握正确的政治方向，强化价值引领。各广播电视播出机构、网络视听节目服务机构、节目制作机构要坚持以习近平新时代中国特色社会主义思想为指导，坚持“二为”方向、“双百”方针，着力营造清朗的文化环境和健康的精神空间，承担启迪思想、滋养心灵、涵育审美、成风化人的重要使命。广播电视和网络视听文艺节目要坚持讲品位、讲格调、讲责任，抵制低俗、庸俗、媚俗，大力弘扬社会主义核心价值观，传播正能量，坚守底线红线。各节目制作和传播机构要始终坚持把社会效益放在首位，力争社会效益与经济效益统一，当二者发生冲突时，经济效益要无条件服从社会效益，绝不能在市场经济大潮中迷失方向，绝不能做市场的奴隶，使作品充满铜臭气。坚持以人民为中心的创作导向，坚决遏制追星炒星、泛娱乐化等不良倾向。各广播电视播出机构和网络视听节目服务机构要从讲政治的高度深刻认识追星炒星、泛娱乐化等问题的严重危害，各广播电视主管部门要进一步加强结构化管理和宏观调控，减少影视明星参与的娱乐游戏、真人秀、歌唱类选拔等节目播出量，积极扩大新闻、经济、文化、科教、生活服务、动画和少儿、纪录片、对农等公益节目播出量，制作播出更多富有时代气息、格调积极健康、具有文化内涵的原创节目。

（三）网络短视频内容审核标准

《网络短视频内容审核标准细则》自2019年初发布以来，已成为各主要网络视听平台加强节目内容审核管理的基础性制度文件，然而短视频泛娱乐化、低俗庸俗媚俗，以及泛娱乐化恶化舆论生态、利用未成年人制作不良节目、违规传播广播电视和网络视听节目片段、未经批准擅自引进播出境外节目等典型问题仍然突出。2021年12月，中国网络视听节目服务协会发布了新版《网络短视频内容审核标准细则》，对原有21类、100项内容进行了与时俱进的完善。

修订版的《网络短视频内容审核标准细则》在禁载内容规范方面，增加了以下方面：歪曲贬低民族优秀文化传统的内容；恶意中伤或损害人民军队、国安、警察、行政、司法等国家公务人员形象和共产党党员形象的内容；美化反面和负面人物形象的内容；宣扬封建迷信，违背科学精神的内容；宣扬不良、消极颓废的人生观、世界观和价值观的内容；渲染暴力血腥、展示丑恶行为和惊悚情景的内容；展示淫秽色情，渲染庸俗低级趣味，宣扬不健康和非主流的婚恋观的内容；侮辱、诽谤、贬损、恶搞他人的内容；有悖于社会公德，格调低俗庸俗，娱乐化倾向严重的内容；不利于未成年人健康成长的内容；宣扬、美化历史上侵略战争和殖民历史的内容以及其他违反国家有关规定、社会道德规范的内容。修订版的《网络短视频内容审核标准细则》可被视为“最严格的互联网内容管理办法”，这也反映出我国新闻传媒内容监管的全面性，体现了中国社会主义新闻体制的特征。

六、网络社交媒体的内容监管

随着移动互联网的快速发展，互联网群组方便了人民群众的工作生活，密切了精神文化交流。但同时，一些互联网群组信息服务提供者落实管理主体责任不力，部分群组管理者职责缺失，造成淫秽色情、暴力恐怖、谣言诈骗、传销赌博等违法违规信息通过群组传播扩散，一些不法分子还通过群组实施违法犯罪活动，损害公民、法人和其他组织合法权益，破坏社会和谐稳定，人民群众反映强烈，亟待依法规范。

2017年9月7日，国家互联网信息办公室发布《互联网群组信息服务管理规定》，要求互联网群组信息服务提供者落实信息内容安全管理主体责任，配备与服务规模相适应的专业人员和技术能力，建立健全用户注册、信息审核、应急处置、安全防护等管理制度。互联网群组信息服务提供者应当按照“后台实名、前台自愿”的原则，对互联网群组信息服务使用者进行真实身份信息认证，用户不提供真实身份信息的，不得为其提供信息发布服务。同时，建立信用等级管理体系，合理设定群组规模，实施分级分类管理，并采取必要措施保护使用者个人信息安全。《互联网群组信息服务管理规定》还要求互联网群组建立者、管理者应当履行群组管理责任，依据法律法规、用户协议和平台公约，规范群组网络行为和信息发布，构建文明有序的网络群体空间。互联网群组成员在参与群组信息交流时，应当遵守相关法律法规，文明互动、理性表达。

思考题

1. 事先限制和事后追惩有何含义？
2. 图书、报纸、期刊出版过程中的禁载规范的主要内容是什么？
3. 对广播、电视内容进行特殊监管的原因是什么？
4. 网络短视频内容的审核标准的细化和完善体现了我国新闻体制的什么特征？

第六章　媒介侵权

媒介侵权是大众传播媒介侵权行为的简称，这里的侵权行为主要指侵犯自然人、法人或非法人组织的名誉权等人格权利。[①] 早期的媒介侵权主要是指新闻媒体单位或新闻工作者利用大众传播媒介以故意捏造事实或者过失报道等形式向公众传播内容违法或失实的新闻，从而侵害自然人或法人合法权益的行为，一般被称为新闻侵权。由于互联网的快速发展，人人皆媒体的情况出现，任何自然人或法人都可以在大众传播媒介发布各种信息，因此新闻侵权的外延逐渐扩大，发展为参与大众传播活动的自然人、法人或非法人组织利用大众传播媒介以故意捏造事实或者不当言论等形式向公众传播内容违法或失实的信息，从而侵害自然人、法人或非法人组织合法权益的行为。

媒介侵权往往具有如下特征：从侵权主体来看，媒介侵权的主体往往是参与大众传播活动的自然人、法人或非法人组织；从形式上看，媒介侵权主要是对自然人或法人的人格权造成损害，其中尤以侵害自然人的名誉权和隐私权最为多见；从传播方式看，媒介侵权具有广泛性和迅速性的特征。从侵权后果看，媒介侵权会对受害人造成严重的经济损失或精神伤害。由于媒介侵权侵害最多的是自然人的人格权，而人格权受侵害的大小与传播面有着直接关系，传播面越广，受侵害的程度就越深。

根据《民法典》的相关规定，侵权行为一般具有四个基本构成要件：(1) 行为人实施了侵害他人合法权益的行为；(2) 损害事实的客观存在；(3) 行为人主观上有过错，包括故意和过失的过错；(4) 侵害行为与损害事实之间存在因果关系。因此媒介侵权行为也应该具备四个基本构成要件：(1) 行为人在大众传播媒介发布了侵害他人合法权益的相关信息或作品，且有特定的指向；(2) 发布的信息或作品造成特定人人格权益的损害；(3) 行为人主观上有过错；(4) 侵害行为与损害事实之间存在因果关系。

第一节　媒介侵犯名誉权

名誉权是自然人的一项重要的人格权，名誉的降低可能会给权利人造成巨大的经济损失和精神损害，而媒介在批评性文章中常常有对特定的自然人或法人的评论或批评，会造成负面影响。

---

① 魏永征. 向传媒讨说法：媒介侵权法律问题 [M]. 福州：福建人民出版社，2001：127-128.

一、名誉和名誉权

名誉是对民事主体的品德、声望、才能、信用等的一种社会评价，也就是社会公众对民事主体的评价。名誉具有客观、社会评价和人格价值评价的特征。名誉权是指自然人、法人和非法人组织对自己在社会生活中所获得的名誉享有不可侵犯的权利，它是民事主体所享有的一项重要人格权，关系民事主体在社会经济生活中所处的地位以及应受到的信赖和尊重的程度，是民事主体从事民事活动乃至其他社会活动的基本条件。《民法典》第110条规定："法人、非法人组织享有名称权、名誉权和荣誉权。"第1024条规定："民事主体享有名誉权。"名誉权是一种国际社会公认的基本人权，具有法定性、人身专有性和财产关联性等特征。从目前媒介侵权案件的具体类型来看，媒介侵害名誉权案是最为多发的一种媒介侵权类型。

二、媒介侵害名誉权的构成要件

媒介侵害名誉权是指用大众传播媒介发布信息或作品的手段使自然人、法人或非法人组织的名誉权受到损害的行为。根据1993年《最高人民法院关于审理名誉权案件若干问题的解答》，侵害名誉权的责任应当根据受害人确有名誉被损害的事实、行为人行为违法、违法行为与损害后果之间有因果关系、行为人主观上有过错来认定。因此媒介侵犯名誉权的四个构成要件为：(1) 被侵害人确有名誉被损害事实的存在；(2) 行为人实施了侮辱、诽谤等侵害行为且指向特定的受害人；(3) 损害事实与侵权行为之间有因果关系；(4) 行为人主观上有过错。

（一）被侵害人确有名誉被损害事实的存在

作品发表后是否对相关当事人造成名誉权的伤害，不是以当事人的主观认识为依据的，而是以客观的标准来衡量的，即以社会主流评价标准来衡量的。名誉被损害事实通常包括当事人的名誉受到贬损，从而带来当事人的精神损害或财产损失。

（二）行为人实施了侮辱、诽谤等侵害行为且指向特定的受害人

英美法系国家把侵害他人名誉的行为统称为诽谤，大陆法系国家通常把损坏名誉行为分为诽谤和侮辱。我国也普遍认可侮辱和诽谤为侵害名誉权的两种典型方式。侮辱行为是指行为人以暴力、语言或文字等形式贬低他人名誉、毁损他人人格的行为。诽谤是指故意捏造或散布虚假的事实以毁损他人的名誉。非贬义的语言、"不真实的好话"也会构成对名誉权的侵害。

侮辱以辱骂和丑化为主要特征，同事实是否存在无关。辱骂一般表现为用"非人"的言辞；丑化就是通过夸张和歪曲的文字或图像等，把特定人的形象描写描画得可憎、可恶、可鄙。

诽谤是以陈述虚假事实为主要特征，而陈述的事实是否虚假应该以多数人对内容的理解为准，而不在于陈述人是否真的要表达有关意思。

因为名誉权具有特定性，即只能由特定的人所享有，所有只有这个特定的名誉主体可以被指认，才能对其名誉造成直接的伤害。指名道姓地贬损他人名誉，通过特定的新闻要

素可以指认被侵害者，一般包含下列几种情况：(1) 以真实姓名缩写事实和虚构类作品。(2) 没有真实姓名，但情节、地点等相关信息可以确定为特定人。(3) 影射，采用谐音、类比等暗示手法进行丑化。

就新闻作品而言，需要达到新闻作品严重失实或基本内容失实，损害了他人名誉，才认定为诽谤，其中严重失实或基本内容失实不是主要看失实内容的篇幅、文字比例，而主要是指新闻报道中失实的内容足以使人对有关方面的性质产生不正确的贬损性认识。新闻作品有侮辱他人、损害人格的内容，损害了他人名誉，可认定为侮辱。

（三）损害事实与侵权行为之间有因果关系

因果关系，指社会现象之间的一种客观联系，即一种现象在一定条件下必然引起另一种现象的发生，则该种现象为原因，另一种现象为结果。名誉权侵权中的损害事实与侵权行为之间的因果关系是指行为人的侮辱或诽谤行为使得社会公众把相关媒介内容和特定的、可指认的当事人联系在一起，从而引起该当事人社会评价的降低。

（四）行为人主观上有过错

在民法学和刑法学理论中，过错都包括故意和过失两种形式。根据《中华人民共和国刑法》(以下简称《刑法》) 第 14 条的规定，犯罪故意是指行为人主观上的故意，是指行为人明知自己的行为会发生危害社会的结果，并且希望或者放任这种结果发生的主观心理态度。从罪过内容上看，犯罪故意具有两方面特征；第一，在意识因素上，行为人明知自己的行为会发生危害社会的结果。第二，在意志因素上，行为人对危害结果的发生抱着希望或放任的态度。根据意识和意志这两个方面的不同情况，刑法理论将犯罪故意分为直接故意和间接故意。直接故意，是指行为人明知自己的行为会发生危害社会的结果，并且希望这种结果发生的心理态度。我国刑法规定的大部分犯罪都可以由直接故意构成。间接故意，是指行为人明知自己的行为可能发生危害社会的结果，并且放任这种结果发生的心理态度。《刑法》第 15 条第 2 款规定："过失犯罪，法律有规定的才负刑事责任。"《刑法》分则规定的过失犯罪，都要求造成严重的危害结果。没有法定的严重危害结果的发生，就谈不上犯罪过失的存在。根据《刑法》第 15 条的规定，犯罪过失，是指行为人应当预见自己的行为可能发生危害社会的结果，因为疏忽大意而没有预见，或者已经预见而轻信能够避免，以致发生这种结果的主观心理态度。从罪过内容上看，犯罪过失具有两方面特征：在意识因素上，行为人应当预见自己的行为可能发生危害社会的结果，但是因疏忽大意而没有预见，或者已经预见但是轻信能够避免；在意志因素上，行为人对危害结果的发生是持根本否定态度的。根据罪过内容方面的特点，刑法理论将犯罪过失分为疏忽大意的过失和过于自信的过失。疏忽大意的过失，是指行为人应当预见自己的行为可能发生危害社会的结果，因为疏忽大意而没有预见，以致发生这种结果的主观心理态度。过于自信的过失，是指行为人已经预见到自己的行为可能发生危害结果，但是轻信能够避免，以致发生这种结果的主观心理态度。

民法学界认为，区分故意和过失只在刑法上对于定罪量刑具有重要意义，而在民法上，它对于确定行为人是否承担民事责任及其责任范围都不具有意义，这是因为侵权行为民事责任的有无及范围，完全取决于损害的有无和大小，它并不因行为人是故意还是过失而有所不同。①

《刑法》第246条规定，以暴力或者其他方法公然侮辱他人或者捏造事实诽谤他人，情节严重的，处3年以下有期徒刑、拘役、管制或者剥夺政治权利。其中“公然”是指明目张胆、毫无顾忌，所以侮辱的过错方式一定是故意的，而诽谤则不必然是故意，过失也可构成诽谤。

就媒介侵权的传统形式新闻侵权而言，是有着典型的新闻故意侵权和过失侵权的区别的。新闻故意侵害他人名誉权，其前提条件是新闻作者或新闻媒体的审核人明知新闻作品中有损害他人名誉的内容，却依然希望作品发表或放任作品的发表，使新闻侵权有可能变为现实。新闻过失侵害名誉权发生的原因大多是因为采访不深入、文风欠踏实或听信一面之词等原因所致，新闻作者主观上并没有希望或放任这种结果的出现。

三、侵害名誉权的抗辩

抗辩事由是指被告针对原告的诉讼请求而提出的证明原告的诉讼请求不成立或者不完全成立的事实和理由。因此抗辩事由也被称为阻却违法事由或者免责、减轻责任的事由。通常来说，大众传媒领域的批评性、曝光性报道必然会引起相关当事人名誉权的受损，但这并不意味着不能进行相关报道。法律必须进行适当调配，使得正当合理的言论自由在某些方面可以对名誉权构成抗辩。

（一）真实性

真实是对新闻诽谤最有效的抗辩。所谓真实，就是新闻或其他媒介文章的内容同实际情况相符合。媒介在面临侵害名誉权诉讼时，首先要做的就是搜集整理足以证明媒介内容真实性的证据。

（二）公正评论

公正评论又称“诚实评论”，一般要求其评论的事项要与社会公共利益有关；有可靠的事实来源；立场应当公正（但不一定客观）；主观上没有恶意。在以上前提下，即使是片面的、偏激的，甚至具有诽谤性的评论，也不应追究其法律上的责任。

【案例】

吴祖光怒批某国贸中心案

某国贸中心××超市非法搜查两位女青年，并说了些侮辱性的话。吴祖光写文章批评，用了“恬不知耻”“流露出扎根深远的洋奴意识”，某国贸中心在向两位女青年道歉后，将吴祖光告上法庭。法院审理认定，吴祖光的行为是正当的批评监督。

（三）特许权

特许权指的是为公众利益或保护个人合法权益可以作诽谤侮辱性陈述而不需承担法律

① 石宏.《民法典》视角下的名誉权保护制度［J］.上海政法学院学报（法治论丛），2021，36（1）：34-44.

责任。西方议员会议发言、诉讼当事人法庭陈述等皆享有特许权。在我国，人民代表大会的代表在人大会议的发言不受法律追究，也是特许权。

为了保障公众的知情权，畅通新闻单位的采访和报道行为，我国也赋予了新闻单位特许权。新闻单位特许权一般是指报道党政机关或其他权威部门正式提供的材料，如法院判决、权威机构鉴定、公安部门的案件通告等，如果这些材料本身发生差错，新闻单位不承担法律责任。

【案例】

《北京法制报》报道宋某非法行医案

《北京法制报》根据卫生行政部门正式提供的材料，报道宋某非法行医，并"用鸦片开设熏吸门诊"，后经公安部门侦查，并未认定宋某使用鸦片。宋某将报社告上法庭，认为报社侵害其名誉权。法院审理认为，报社根据相关材料报道，不应认为是侵权。

【案例】

新华社××分社报道官员非法用款案

新华社××分社根据检察机关正式提供材料，报道××省民政厅李某非法挪用扶贫、救济款被批捕。后检察院调查认定李某不构成犯罪。李某遂将新华社××分社告上法庭。法院审理认为，报道源于正式文件，发表前又经过检察机关核实，不是侵权。

（四）其他

对于侵害名誉权指控的常用抗辩理由还有主观无过错、没有特定指向、没有损害事实（适用法人名誉权纠纷）、平衡报道等。

四、媒介侵害名誉权的法律责任

媒介侵害名誉权，根据其损害结果的不同，可以分为民事责任和刑事责任，其中大部分名誉权侵权都是承担赔礼道歉、赔偿损失等民事责任，但当损害结果特别严重，则有可能构成侮辱罪、诽谤罪和侵害商业信誉、商品声誉罪，并承担相应的刑事责任。

（一）民事责任

在媒介侵犯名誉权的民事纠纷中，大部分受害人都要求侵权者赔礼道歉、承担经济和精神损失的赔偿。

（二）侮辱罪和诽谤罪

根据《刑法》第 246 条的规定，以暴力或者其他方法公然侮辱他人或者捏造事实诽谤他人，情节严重的，处 3 年以下有期徒刑、拘役、管制或者剥夺政治权利。上述罪，告诉的才处理，但是严重危害社会秩序和国家利益的除外。

【案例】

新闻记者被控诽谤案

杜×案是新中国第一起新闻记者被控诽谤罪的案件。1983年某杂志发表新闻通讯《二十年"疯女"之谜》，作者沈××、牟××。该文章称妇女狄某诉说，其丈夫杜×为了调回上海，强逼她装疯，并将其送入精神病院。文章称杜×回上海后，怕她揭露，再次将其送入精神病院。杂志此后又发表系列文章，指责杜×为"暴戾之徒""新型流氓""刑事犯罪分子"。杜×在1985年提起刑事自诉。经审理，狄某为精神病患者，杂志所称情节没有依据。法院最后判决沈××剥夺政治权利1年半，牟××剥夺政治权利1年，各赔偿杜×经济损失100元和50元。

（三）损害商业信誉、商品声誉罪

侵害法人名誉情节严重的，可构成《刑法》第221条规定的损害商业信誉、商品声誉罪："捏造并散布虚伪事实，损害他人的商业信誉、商品声誉，给他人造成重大损失或者有其他严重情节的，处二年以下有期徒刑或者拘役，并处或者单处罚金。"

【案例】

訾某涉嫌损害商品声誉案①

2007年6月，訾某在担任某地方电视台生活节目临时工作人员期间，为显示工作业绩，化名"胡某"，纠集本市无业人员张某，冒充工地负责人，多次到某市某乡，对制作早餐的卫某等四人谎称需订购大量包子，要求卫某等人为其加工制作。后訾某伙同张某携带密拍设备、纸箱及购买的面粉、肉馅等找到卫某，声称为了喂狗，要求卫某等人将浸泡后的纸箱板剁碎掺入肉馅，制作20余个"纸馅包子"。与此同时，訾某密拍了卫某等人制作"纸馅包子"的过程。在节目后期制作中，訾某采用剪辑画面、虚假配音等方法，编辑制作了虚假电视专题片《纸做的包子》，并隐瞒事实真相，使该虚假电视节目于同年在该地方电视台播出，造成恶劣影响，严重损害了相关行业商品的声誉。

人民法院经审理认为，訾某作为电视台的临时工作人员，故意捏造事实，编制虚假电视节目并隐瞒事实真相，使虚假节目得以播出，造成恶劣影响。其捏造并散布虚假事实的行为，损害了相关行业商品的声誉，情节严重，已构成损害商品声誉罪，依法应予惩处。当地检察二分院指控被告人訾某犯损害商品声誉罪的事实清楚，证据确实、充分，指控罪名成立。鉴于訾某到案后能够认罪悔罪，可对其酌予从轻处罚。根据訾某的犯罪事实、犯罪性质、情节及对于社会的危害程度，依照《刑法》相关规定，判决被告人訾某犯损害商品声誉罪，判处有期徒刑1年，并处罚金1000元。一审宣判后，訾某没有上诉，检察机关也未抗诉，判决发生法律效力。

---

① 赵瑞罡，白波. 损害商品声誉罪的司法认定："纸馅包子"案法律问题分析 [J]. 人民司法，2008 (8)：4-9.

第二节 英雄烈士名誉荣誉的特殊保护

近代以来，为了争取民族独立和人民解放，实现国家富强和人民幸福，促进世界和平和人类进步而毕生奋斗、英勇献身的英雄烈士，功勋彪炳史册，精神永垂不朽。国家和人民应当永远尊崇、铭记英雄烈士为国家、人民和民族作出的牺牲和贡献。

一、英雄烈士特殊保护的原因

英雄烈士事迹和精神是中华民族的共同历史记忆和社会主义核心价值观的重要体现。为了加强对英雄烈士的保护，维护社会公共利益，传承和弘扬英雄烈士精神、爱国主义精神，培育和践行社会主义核心价值观，激发实现中华民族伟大复兴中国梦的强大精神力量，我国于 2018 年 4 月 27 日第十三届全国人民代表大会常务委员会第二次会议通过《中华人民共和国英雄烈士保护法》（自 2018 年 5 月 1 日起施行），给予英雄烈士特殊保护。该法要求全社会都应当崇尚、学习、捍卫英雄烈士；各级人民政府加强对英雄烈士的保护，将宣传、弘扬英雄烈士事迹和精神作为社会主义精神文明建设的重要内容；县级以上人民政府负责英雄烈士保护工作的部门和其他有关部门应当依法履行职责，做好英雄烈士保护工作；军队有关部门按照国务院、中央军事委员会的规定，做好英雄烈士保护工作。

二、英雄烈士名誉荣誉特殊保护的方式

《中华人民共和国英雄烈士保护法》在规定禁止歪曲、丑化、亵渎、否定英雄烈士事迹和精神，明确英雄烈士的姓名、肖像、名誉、荣誉受法律保护的同时，进一步强调以下方面：一是任何组织和个人不得在公共场所、互联网或者利用广播电视、电影、出版物等，以侮辱、诽谤或者其他方式侵害英雄烈士的姓名、肖像、名誉、荣誉；任何组织和个人不得将英雄烈士的姓名、肖像用于商标、商业广告，损害英雄烈士的名誉、荣誉。公安、文化、新闻出版、广播电视、电影、网信、市场监督管理、负责英雄烈士保护工作的部门在履行职责中发现上述违法行为的，应当依法处理。二是与网络安全法有关规定相衔接，规定网络和电信、公安等有关部门在对网络信息进行依法监督管理工作中，发现发布或者传输以侮辱、诽谤或者其他方式侵害英雄烈士的姓名、肖像、名誉、荣誉的信息的，应当要求网络运营者停止传输，采取消除等处置措施和其他必要措施；对来源于中华人民共和国境外的上述信息，应当通知有关机构采取技术措施和其他必要措施阻断传播。网络运营者发现侵害英雄烈士名誉荣誉的信息时，负有及时处置，防止信息扩散，并保存有关记录，向主管部门报告的义务。三是任何组织和个人有权对侵害英雄烈士合法权益和其他违反该法规定的行为，向负责英雄烈士保护工作的部门、网信、公安等部门举报。

三、侵害英雄烈士名誉荣誉的法律责任

侵害英雄烈士名誉荣誉，应承担相应的民事、行政或刑事法律责任。《中华人民共和国英雄烈士保护法》规定，以侮辱、诽谤或者其他方式侵害英雄烈士的姓名、肖像、名

誉、荣誉，损害社会公共利益的，依法承担民事责任；构成违反治安管理行为的，由公安机关依法给予治安管理处罚；构成犯罪的，依法追究刑事责任。为了进一步明确侵犯英雄烈士名誉荣誉的刑事责任，《中华人民共和国刑法修正案（十一）》中规定，在《刑法》第299条后增加：侮辱、诽谤或者以其他方式侵害英雄烈士的名誉、荣誉，损害社会公共利益，情节严重的，处3年以下有期徒刑、拘役、管制或者剥夺政治权利。

我国已形成以《中华人民共和国英雄烈士保护法》特殊法为引领，《民法典》《刑法》等一般法为基础的法律体系，给予英雄烈士名誉和荣誉的全面保护，促进全社会形成对英雄烈士的敬重与尊崇，坚决抵制任何侵害英雄烈士名誉、荣誉的行为。

【案例】

孙某、××公司侵害革命烈士名誉权案

2013年5月22日，孙某在新浪微博上以名为“作业本”的账号发博文，称“由于邱少云趴在火堆里一动不动最终食客们拒绝为半面熟买单，他们纷纷表示还是赖宁的烤肉较好”。作为新浪微博知名博主“作业本”，孙某当时已有6032905个“粉丝”。该文在31分钟后转发即达662次，点赞78次，评论884次。孙某以低俗文字对邱少云烈士进行侮辱、丑化，在网络和现实社会中引起强烈反响，使邱少云烈士亲属的精神遭受严重创伤并使其家庭生活受到极大影响。更为严重的是，2015年4月16日，某饮料公司以其新浪微博账号“×××活动”发博文称：“多谢@作业本，恭喜你与烧烤齐名。作为凉茶，我们力挺你成为烧烤摊CEO，开店十万罐，说到做到。”而孙某用“作业本”账号在2015年4月16日转发并公开回应：“多谢你这十万罐，我一定会开烧烤店，只是没定哪天，反正在此留言者，进店就是免费喝!!!”孙某与某饮料公司以违背社会公德的方式贬损烈士形象用于市场营销的低俗行为，在社会上造成了极其恶劣的影响。2016年9月20日，北京市大兴区人民法院一审宣判邱少云烈士之弟邱少华诉孙某、某饮料公司一般人格权纠纷案，判决二被告于判决生效之日起三日内公开发布赔礼道歉公告，向原告邱少华赔礼道歉，消除影响；二被告连带赔偿原告邱少华精神损害抚慰金1元。

第三节　媒介侵犯隐私权

1890年，美国私法学者沃伦和布兰戴斯在《哈佛法学评论》上发表《论隐私权》，首次提出隐私权的概念，即“不被了解的权利”。在我国，也十分强调对公民隐私权的保护。

一、隐私和隐私权

隐私（privacy），是指自然人与社会公共生活无关的而不愿为他人知悉或者受他人干扰的私人事项。隐私权（the right to privacy），是指自然人有依照法律规定保护自己的隐私不受侵害的权利。隐私权的主体是自然人，法人存在的商业秘密和技术秘密，不是与社会公共生活无关的秘密。隐私权的客体是隐私，主要包括私人信息、私人活动和私人空间。其中私人信息主要包括个人的姓名、住址、电话、储蓄、财产状况、日记、信件、未公开遗嘱等私人文件，个人健康状况和疾病记录，个人社会关系记录等。私人活动主要包括恋爱、婚姻、家庭生活、夫妻生活、个人通信、私人交往活动、个人在公务或工作之余的休憩活动等。私人空间除自己的住所外，还包括在一定时期内供个人专门使用的酒店卧室、医院病房等特殊生活场所。

隐私权的内容主要是保护自然人的个人生活安宁权、个人生活信息保密权、个人通信秘密权及个人隐私使用权。但是隐私权保护的范围受公共利益的限制，也就是说，隐私权保护的隐私必须是合乎公共道德和法律规范的。

二、我国隐私权的法律保护方式

我国法律对隐私权的保护主要有三种方式：一是对自然人的人身、人格尊严、家庭、住宅等最基本的隐私事项予以保护，如《宪法》《刑法》《治安管理法》中有相关规定。二是对单项属于隐私的事项以专门立法予以保护，如《未成年人保护法》《刑事诉讼法》《民事诉讼法》中都有不得泄露个人隐私的相关条款；三是明文规定禁止擅自公布和宣扬他人隐私，如《妇女权益保障法》中有个人隐私事件不公开审理的相关规定。

三、我国隐私权保护的阶段划分

2017 年 3 月 15 日《民法总则》出台前，我国虽然有对隐私权的各种层面的保护，但是按照 1987 年最高人民法院《关于贯彻执行〈中华人民共和国民法通则〉若干问题的意见》的相关规定，隐私权之诉纳入名誉权之诉处理。《民法总则》将隐私权纳入自然人的人格权中，正式赋予我国公民以隐私权，开启了隐私权保护的新篇章，如《民法总则》第 110 条规定，自然人享有生命权、身体权、健康权、姓名权、肖像权、名誉权、荣誉权、隐私权、婚姻自主权等权利。法人、非法人组织享有名称权、名誉权、荣誉权等权利。自此隐私权之诉可以单独进行，不再纳入名誉权之诉进行处理。

《民法典》颁布后，其中第 1032 条和第 1033 条进一步明确隐私权的保护范围和保护方式。任何组织或者个人不得以刺探、侵扰、泄露、公开等方式侵害他人的隐私权。隐私是自然人的私人生活安宁和不愿为他人知晓的私密空间、私密活动、私密信息。除法律另有规定或者权利人明确同意外，任何组织或者个人不得实施下列行为：（1）以电话、短信、即时通信工具、电子邮件、传单等方式侵扰他人的私人生活安宁；（2）进入、拍摄、窥视他人的住宅、宾馆房间等私密空间；（3）拍摄、窥视、窃听、公开他人的私密活动；（4）拍摄、窥视他人身体的私密部位；（5）处理他人的私密信息；（6）以其他方式侵害他人的隐私权。

《民法典》关于隐私权的规定符合互联网发展的特征，对网络隐私的侵犯和维权起到关键性的作用。

四、我国对个人信息的保护

《民法典》在保护自然人隐私权的同时，特别强调自然人个人信息的保护。个人信息是以电子或者其他方式记录的能够单独或者与其他信息结合识别特定自然人的各种信息，包括自然人的姓名、出生日期、身份证件号码、生物识别信息、住址、电话号码、电子邮箱、健康信息、行踪信息等。由于互联网的普及和发展，自然人的个人信息特别容易被收集、存储、使用、加工、传输、提供、公开。

为了保障自然人的个人信息免受非法处理，《民法典》第111条要求任何组织和个人需要获取他人个人信息的，应当依法取得并确保信息安全，不得非法收集、使用、加工、传输他人个人信息，不得非法买卖、提供或者公开他人个人信息。《民法典》第1034条进一步明确个人信息中的私密信息，适用有关隐私权的规定；没有规定的，适用有关个人信息保护的规定。《民法典》第1035条规定，处理个人信息的，应当遵循合法、正当、必要原则，不得过度处理，并符合下列条件：征得该自然人或者其监护人同意，但是法律、行政法规另有规定的除外；公开处理信息的规则；明示处理信息的目的、方式和范围；不违反法律、行政法规的规定和双方的约定。如果处理个人信息，有在该自然人或者其监护人同意的范围内合理实施的行为；合理处理该自然人自行公开的或者其他已经合法公开的信息，但是该自然人明确拒绝或者处理该信息侵害其重大利益的除外；为维护公共利益或者该自然人合法权益，合理实施的其他行为等情况，行为人不承担民事责任。

《民法典》第1039条还特别强调国家机关、承担行政职能的法定机构及其工作人员对于履行职责过程中知悉的自然人的隐私和个人信息，应当予以保密，不得泄露或者向他人非法提供。

【案例】

秦某等网民侵犯公民个人信息案①

2023年1月，某地公安机关发现，网民“法不容情”大量发布查询公民户籍、婚姻状况、寄递物流、住宿、财产等信息的广告。经查，秦某等人通过法律工作者专用交流平台勾结执业律师，以虚构案件为由出具虚假文书、介绍信等文件，向司法机关、金融部门以及其他相关企事业单位调取大量公民个人信息出售牟利。2023年3月，公安机关对该案开展集中收网，摧毁该条以律师身份为掩护窃取公民个人信息的黑产链条，抓获犯罪嫌疑人11名（其中执业律师3名），涉案金额300余万元。

【案例】

某快递公司员工贩卖客户信息案②

2016年11月，快递公司网点仓管汪某因频繁登录公司内部系统查询用户信息引起公安机关的注意。民警调查后发现，汪某夫妇每天都会查询大量用户信息，包括地址、电

① 澎湃新闻. 严打侵犯公民个人信息！公安部十大典型案例公布［EB/OL］.（2023-08-14）［2023-09-23］. https://www.thepaper.cn/newsDetail_forward_24222604.

② 观察者网. 顺丰：出售客户信息用于诈骗 11名员工获刑［EB/OL］.（2018-05-17）［2023-09-23］. https://www.guancha.cn/society/2018_05_17_457111.shtml?s=zwyxgtjdt.

话号码、姓名等，录入表格，发送给一个叫“小何”的人。根据警方的调查，汪某夫妇口中的“小何”，真实身份是快递公司快递员杜某。据汪某夫妇交代，从2015年10月起，杜某在网上与其联系，以每条两元的价格购买其公司的客户信息。夫妻俩见财起意，先后共向“小何”出售几千余条客户信息，非法获利近万元。经法院调查查明，汪某夫妇出售个人信息4000余条，获利8497元。而杜某截至被抓的一年多时间里，共出售用户隐私1.9万余组，获利16万余元。在法院判决书中，共公布了19人的判决结果。其中快递公司员工12人，员工家属1人，无业人员5人，文化公司负责人1人，涉及安保部主管、市场部专员、仓管、快递员等多个部门多个岗位。19名被告被判1年至3年不等的有期徒刑。

五、媒介侵犯隐私权

（一）媒介侵害隐私权的含义

媒介侵害隐私权是指新闻工作者或者普通自然人在纸质、网络等媒介发表的作品中公开他人隐私而使他人隐私受到伤害的行为。从新闻传播的角度来看，隐私权为自然人享有私事保守秘密的权利。个人的私生活可以拒绝记者采访、拍照和公开传播，以保护个人生活的安宁。主要包括：不经当事人允许，不得公开采访对象在个别交谈中谈到的个人隐私；在非公开场合，不经当事人允许或未向当事人表明身份不得进行拍照、电视摄像、录音等活动；不得私拆个人信件和窃听电话以获取新闻。记者不得有偷拍私人活动照片的权利。

（二）媒介侵害隐私权的表现形式

第一，侵入他人的私密领域。这种侵权方式是指新闻工作者或者普通自然人为了获得吸引公众的秘密资料，在无法正面得到的情况下，以身体或其他方式对自然人的独处状态、私人生活和事务实施侵犯，以了解他人生活情况，从而破坏他人居住之安宁。

【案例】

《时代周刊》记者侵犯迪特曼隐私案

1971年《时代周刊》的两名记者以患者身份进入非法行医者迪特曼的家中，并在迪特曼进行医疗检查的过程中，用暗藏的照相机偷偷拍下照片，医生与病人的对话也被暗藏起来的无线电发射机发射给一台录音机，录音机则放在停靠于路边的一辆车里。随后有关该事件的报道和照片在杂志上发表。在迪特曼提起的侵犯隐私权的诉讼中，由于记者使用秘密装置采集新闻，法官判决《时代周刊》杂志社败诉并赔偿原告1000美元。法官赫夫斯蒂德勒在判决书上这样写道：“宪法第一修正案绝不是侵犯行为、盗窃和利用电子设备侵扰他人家庭或办公室区域的许可证。”这个案件成为隐私权审判的一个里程碑。

第二，不合理地公开他人私生活。如果在媒体上公开他人私人生活内容，而且这些被公开的事项不是属于公众正当关注的即涉及公共利益的问题，那么就被认为是侵害了他人的隐私权。在此情形中，披露的事实是真实的，是他人私人生活的私密或至少是个人的私人生活细节，而这种披露行为将会是令人窘迫、羞辱的或具冒犯性的，会给当事人带来巨大的精神痛苦。新闻媒体一般较容易侵犯的隐私主要有：对当事人不作讳避的与性有关的话题；未成年人违法犯罪或其他不良行为；他人的婚姻恋爱家庭情况；私人信件、电话等通信的内容。

如果它们属于公众正当关注或利益范围的问题，或是当事人自愿透露的，则不存在侵权。但是，如果披露内容未经当事人同意，又不属于公共利益范畴的内容，则构成对当事人的权利侵害。

【案例】

某电台直播高某通话内容案

1996年5月10日，某电台音乐节目主持人在现场直播节目中，打电话给歌唱演员高某，既没有事先打招呼，也没有在电话中说明，就当场将电话内容予以直播。高某不知是直播节目，以为是一般通话，讲了一些不宜公开的内容。事后，高某向有关部门投诉。7月，广播电影电视部发出通报，认定这个行为“侵害了采访对象的权益，同时也是对听众的极端不负责任”，并对责任人予以行政处分。

（三）媒介侵害隐私权的构成要件

媒介侵犯隐私权属于一般侵权行为的一种，其构成要件主要考虑行为是否违法，主观上是否有过错，损害结果是否存在，违法行为和损害结果是否有直接的因果关系等①。根据隐私权的特征，媒介侵犯隐私权的构成要件主要包括以下四个方面：行为人实施了侵害受害人隐私的行为，如侵害隐私权的作品已经发表，且受害人可以被指认；行为人的侵权行为给被害人造成损害事实，如给受害人带来精神痛苦或财产损失；行为人主观上的过错，包括过失和故意；损害事实与侵权行为之间有因果关系。

【案例】

某报社披露未成年人隐私案

张某17岁，在学校与同学打架致人死亡。某报在报道中披露张某姓名。张某父母找到报社说明嫌犯为未成年人，不能公布他的姓名。但该报在后续报道中继续多次提到张某姓名。张某在检方提起公诉前病亡。其父母以该报道侵害已死亡儿子隐私为由诉至法院，法院判决该报在本报版面上向张某父母赔礼道歉。对于张某父母的索赔请求，由于不能证明张某之死与报道存在因果关系，予以驳回。

---

① 李晓敏. 论新闻侵害隐私权民事责任的构成［J］. 玉溪师范学院学报，2005（4）：39-44.

在这个案件中，报纸在报道中披露张某姓名，即行为人实施了侵害未成年人隐私的行为，报纸在报道中未尽到保护未成年人的审慎义务，甚至在张某的父母提出异议后，仍然在后续报道中多次提到张某的姓名，属于故意的过错方式。因此，尽管张某在检方提起公诉前病亡，但是根据《民法典》第 994 条的规定，死者的姓名、肖像、名誉、荣誉、隐私、遗体等受到侵害的，其配偶、子女、父母有权依法请求行为人承担民事责任，即死者仍然具有隐私权，报纸的报道行为确实符合侵犯隐私权的构成要件，所以张某父母的隐私权之诉获得法院支持。

（四）媒介侵害隐私权的责任

媒介侵害隐私权的责任承担方式主要根据媒体机构或个人在新闻报道、出版物、社交媒体平台或其他形式的传播中不当披露、滥用或泄露个人隐私的行为的过错方式及造成损害结果的严重程度，承担民事责任、行政责任或者刑事责任。

1. 民事责任

与侵害名誉权不同，如果隐私权受到侵害，一些当事人不愿被他人知悉的个人隐私内容已经被公之于众，无法收回，所以这种损失是很难弥补的，不能通过恢复名誉、消除影响的方式来承担侵权责任，侵权人只能通过停止侵害、赔礼道歉、赔偿损失的方式来承担民事侵权责任。

2. 行政责任

根据《治安管理处罚法》第 42 条的规定，偷窥、偷拍、窃听、散布他人隐私的，处 5 日以下拘留或者 500 元以下罚款；情节较重的，处 5 日以上 10 日以下拘留，可以并处 500 元以下罚款。

3. 刑事责任

我国《刑法》在侵犯通信自由罪，私自开拆、隐匿、毁弃邮件、电报罪两个传统的侵害隐私的刑事责任的基础上，增加了侵犯公民个人信息罪，即“违反国家有关规定，向他人出售或者提供公民个人信息，情节严重的，处三年以下有期徒刑或者拘役，并处或者单处罚金；情节特别严重的，处三年以上七年以下有期徒刑，并处罚金；违反国家有关规定，将在履行职责或者提供服务过程中获得的公民个人信息，出售或者提供给他人的，依照前款的规定从重处罚；窃取或者以其他方法非法获取公民个人信息的，依照第一款的规定处罚；单位犯前三款罪的，对单位判处罚金，并对其直接负责的主管人员和其他直接责任人员，依照各该款的规定处罚。”

（五）媒介侵犯隐私权的抗辩

随着互联网的普及，隐私权成为最容易受到侵犯的人格权之一，有效平衡隐私权的保护和言论自由权历来是媒介法学面临的重要议题，也是各国法律普遍关注的问题。侵权行为的构成要件通常是从正面证明侵权行为的成立，而抗辩事由是从反面为侵权行为人寻找减轻或者免除民事责任的依据，而隐私权的特殊性，其抗辩事由也呈现多样化的特征。

1. 公共利益

相关侵权行为人为了公共利益之目的，在侵权作品中公布了相关当事人的个人隐私内容，形成了公共利益和个人隐私保护之间的冲突。公共利益主要涉及一些社会公德、社会公共安全事件、公共政治事件、公共卫生事件和公众消费事件等，所以此时应主张公共利益原则适用的抗辩。

【案例】

某报批评谢某虐待老父案

某报刊文批评某公司职工谢某虐待打骂80岁老父，谢某向法院诉报道失实，且干预家庭内部事务，侵犯隐私。谢某是普通职工，不属于公众人物。他同老父之间的关系属于家庭内部事务，他人不应干预，新闻媒介也不宜公开报道。但是由于他行为恶劣，对耄耋老翁又打又骂、不给饭吃等行为，违反社会公德，引起了居住小区内公众的关注，新闻线索就是小区居民向报社提供的。新闻媒介予以报道，是为了维护老年人的正当权益，树立良好的社会风尚。因此，法院经两级审理，对谢某的诉讼请求予以驳回。

2. 公开记录

在向公众开放的一些公开记录内容里涉及某些自然人的隐私内容，如相关行政管理单位或者行业组织公开或公示的相关人员现在或者过去的工作职位、个人的工作履历、执业资格证书或者法人的营业执照等证明文件，在这些情况下，一般认为公开的事项不属于隐私范畴，不受隐私权的保护。

3. 公开场所

互联网语境下的公开场所可以分为物理性的公开场所和完全开放的网络公共空间。在物理空间中，公园、地铁站、旅游景点、广场、商场等完全向公众开放的场所，具有的私人属性较低。这类场所的特征是开放性、公共性，用途常常是进行公共事务或开放性活动。在这类场所中，人们往往能够意识到自己的行为是可能完全暴露在他人面前的，对自己的行为也会有一定的约束。在公开场所毫无避讳和约束的行为则难以受到隐私权的保护。另外，在互联网中存在着众多完全公开、自由的空间，可将其拟制为完全开放的公共场所，主要包括公共论坛、广场、网络社区等，人们可以自由地在其中发表言论、发布图片。完全开放的公共场所中私人属性较弱，人们在此发表的言论若涉及隐私，一般可视为主动公开。[①]

4. 公众人物

公众人物，也称公共人物，是指一定范围内具有重要影响，为人们所广泛知晓和关注，并与社会公众利益密切相关的人物，往往指政府官员或者社会知名人士。对自愿进入公众视野、借助媒体宣传在公众中获取知名度以影响社会意见的形成、社会成员的言行并以此获利的社会主体，一般社会公众对其来历、背景、幕后情况享有知情权，确认了公众

① 孔洪刚，高婧怡．互联网传播中公共场所隐私权的保护．未来传播期刊，2022（12）.

人物隐私权比普通社会群众隐私权克减原则。

5. 当事人同意

新闻报道过程中征得当事人同意是新闻媒介暴露隐私取得合法性的重要依据，也是排除隐私权侵权的一个重要抗辩事由。新闻媒介进行新闻报道过程中无法避免要涉及相关当事人隐私时，最好要获得当事人同意，而此过程中应当具备自愿、明确、善意、合法、合度等条件。

6. 受害人不可辨认

有些私人事项确有报道价值但获得当事人同意又比较困难，一个变通的办法就是使受众不可能从新闻报道中识别、辨认出相关当事人，如略去当事人的姓名、模糊当事人的身份①、采用技术手段遮挡当事人的影像或改变其声线等。这样既保证了新闻报道的有效性，也保护了相关当事人的个人隐私。

第四节　媒介侵犯肖像权

一、肖像与肖像权

肖像是通过影像、雕塑、绘画等方式在一定载体上所反映的特定自然人可以被识别的外部形象。自然人的肖像具有三个典型特征：肖像是自然人的外部形象，肖像权的主体只能是特定的自然人，法人或非法人组织无法拥有肖像权；肖像要通过一定的物质载体加以表现；肖像是自然人专有的外在形象，即肖像具有专有性和对世性。作为一种人格权利，肖像权包括精神权利和物质权利两个方面，肖像中所包含的艺术价值在市场交易中可以直接体现为一定的财产价值，而肖像权所包含的这种物质权利，究其根源是由肖像权的精神权利或者人格权利所派生和转化而来的。

肖像权是指自然人以在自己的肖像上所体现的人格利益为内容，享有的制作、使用、公开以及许可他人使用自己肖像的具体人格权。就其具体内容而言，包括制作权、使用权、公开权和许可他人使用权。制作权是指权利人可以依照自己的意愿，通过多种艺术表现形式制作自己的肖像，如请摄影师拍摄、自拍等行为。使用权是指权利人对于自己的肖像，依照自己的意愿决定如何使用，如自我赏析。公开权是指权利人有权依照自己的意愿决定自己的肖像是否公开及以何种方式进行公开的权利。许可他人使用权是指权利人可以与他人协商，签订肖像许可使用合同，准许他人使用自己的肖像。

二、肖像权的合理使用

由于肖像权的主体都是自然人，和隐私权一样，自然人肖像权的保护也要受到社会公共利益、公共环境、特定新闻人物等内容的限制，《民法典》第 1020 条规定了合理使用自然人肖像权的五种情况。

---

① 魏永征．向传媒讨说法：媒介侵权法律问题［M］．福州：福建人民出版社，2001：127－128.

一是为个人学习、艺术欣赏、课堂教学或者科学研究，在必要范围内使用肖像权人已经公开的肖像。例如，出于临床医学教学或科研目的而在课堂教学中展示病人照片等。

二是为实施新闻报道，不可避免地制作、使用、公开肖像权人的肖像。这里特别明确在新闻报道中享有合理使用相关新闻人物肖像的权利，对于保证新闻活动的顺利开展具有特别重要的意义。因此，在新闻活动中，只要能够满足关于肖像权合理使用的相关条件，就不应该认定为新闻侵权。

三是为依法履行职责，国家机关在必要范围内制作、使用、公开肖像权人的肖像。如公安机关为通缉犯罪嫌疑人而使用其肖像，司法机关在诉讼活动中作为证据而使用当事人的肖像等。

四是为展示特定公共环境，不可避免地制作、使用、公开肖像权人的肖像。例如，使用参加集会、游行、仪式、庆典等活动的人的肖像。这类活动往往具有新闻报道价值，而参加者将自己置身于此类场合，即在一定意义上处分了自己的肖像权益，所以任何人在参加这些于特定公共环境进行的特定活动时，都应允许将自己的肖像用于公开的场合。

五是为维护公共利益或者肖像权人合法权益，制作、使用、公开肖像权人的肖像的其他行为。例如，为了寻找下落不明者而在寻人启事上使用其肖像，为了行使正当舆论监督权而使用他人肖像等。

三、媒介侵害肖像权的构成要件与侵权责任

媒介侵害肖像权是指未经肖像权人的同意或许可，使用肖像权人的肖像、擅自制作肖像权人的肖像或者公开肖像权人肖像的行为。媒介侵害肖像权属于一般侵权行为，其构成要件主要包括以下四个方面：行为人实施了未经肖像权人同意或许可的制作、使用、公开肖像权人肖像的行为；行为人的侵权行为给肖像权人造成损害，如给受害人带来精神痛苦或财产损失；行为人主观上有过错，包括过失和故意；损害事实与侵权行为之间有因果关系。

（一）媒介侵害肖像权的行为方式

《民法典》第1019条规定了肖像权的消极权能，即任何组织或者个人不得以丑化、污损，或者利用信息技术手段伪造等方式侵害他人的肖像权。未经肖像权人同意，不得制作、使用、公开肖像权人的肖像，但是法律另有规定的除外。具体表现如下：

一是丑化、污损，或者利用信息技术手段伪造等方式侵害他人的肖像权。随着互联网技术和人工智能的发展，对别人的肖像进行歪曲、丑化或者利用信息技术手段伪造等方式特别多见，也简单易行。因为肖像权是包括精神权利的，所以歪曲、丑化肖像权人的肖像，损害的是肖像权人的精神权利，会给肖像权人带来精神层面上的伤害。如网络各种恶搞事件。

【案例】

小胖被网络恶搞事件

2003 年 4 月，有网友将小胖（网名）的一张照片贴在网络上，因其特殊的肖像形象，立即引发网友恶搞风潮，众多花样百出的小胖恶搞照出现在各大论坛里，蒙娜丽莎小胖、西方伯爵小胖、电影海报指环王小胖、哈利·波特小胖、火影忍者小胖、保安小胖、自由女神小胖等。一时间使用小胖的肖像照片层出不穷，如今在百度上搜索“小胖恶搞”能得到 40 多万个主题帖子，小胖也成为被网络恶搞第一人。

二是未经本人同意，拍摄他人与新闻报道无关、不具报道价值的照片和录像，侵害他人肖像制作专有权。根据肖像的合理使用原则，新闻媒介可以对发生在公共场合的公众活动或其他有报道价值的人物、事件进行拍照、录像，无须取得他人同意。但这种权利也有一定限制，即应只拍录那些与新闻报道内容和主题有关的图像。如果人物并未处于公众活动或新闻事件之中，或者即使参加了公众活动但并非报道内容所需要，则当事人有权拒绝被拍照、录像。

【案例】

刘××拒绝采访　维护自我肖像权

1988 年 2 月 24 日晚应邀到自贡演出的电影演员刘××在演出之后去灯会观灯。当一名记者上前拍照时，刘××声明：“未经我的允许不准拍照。”但该记者说：“你不同意是你的事，我拍是我的事……我就是要拍，新闻采访自由。”结果二人不欢而散。

事后刘××对记者谈了自己对此事的看法：“我当时刚参加完演出，很重的舞台妆没有除净。在这种情况下我怎么可能愿意让记者来拍照呢？……我必须维护我作为一个公民的人格尊严，维护我的肖像权。我想任何一个人可能都不会愿意把自己不乐意的形象曝光给公众。”

这种看法不无道理，她去看灯会是作为一名普通的观众并非灯会的中心人物。同时，在刚刚演出完毕，形象不整的情况下，应该有权拒绝他人拍照。记者报道灯会这样的公众活动，并非必须拍摄刘××的照片来说明主题，因而强行拍摄刘××的照片应视为对刘××的肖像权的侵犯。

三是未经本人同意，在新闻报刊中使用他人与新闻内容无关的肖像。这主要是指新闻报刊书籍中使用了他人的肖像作为装饰，如封面、封底、中心插页、文章的题头照片等。报刊中的人物专访报道经常配发被采访人的照片作为点缀或说明，由于这类照片与报道内容有关，因此不应视为侵权，而一些和新闻报道无关的人物肖像的使用，就有可能属于侵权行为。

【案例】

某杂志滥用女性照片案

某杂志在 1993 年第 2 期刊登了一篇文章《三个女人，三个小小人物》，并配有一幅三位女性的合影。这三位女性起诉该杂志，她们与文章毫无关联，但是文章以第一人称描写手法对她们的形象和心理活动作了不恰当的刻画，给她们造成了精神损害，侵害了她们的肖像权。

在此案例中，新闻工作者为了点缀文章，随意挑选了一张三位女性的照片，既没有考虑到要尊重这三位女性的肖像权，也没有考虑到这样做会给这三位女性带来巨大的社会负面影响，属于典型的侵犯肖像权的行为。

四是未经本人同意，使用他人肖像在新闻媒介上作广告，进行商业宣传。各国肖像权保护制度都将使用他人肖像用于商业目的视为典型的侵害肖像权行为。我国将以营利为目的作为侵害肖像权的限制性条件，主要是为了防止不当利用他人肖像作商业宣传。新闻媒体未经本人同意使用他人肖像做广告，构成对肖像权的侵害。

【案例】

某报社未经许可使用刘翔照片进行商业宣传案①

某报社在 2004 年第 80 期《千期特别纪念专刊》的封面上采用了刘翔在雅典奥运会上跨栏比赛的照片，而北京某公司在这一期报纸的封面上同时做了商品广告。该报在其网站上刊登了这期报纸的封面。2004 年 11 月 24 日，刘翔委托其律师以侵犯其肖像权为由，将该报社及其网站经营者、商标持有人和北京某公司告上了法庭。2005 年 5 月 25 日北京市海淀区人民法院作出一审判决，判决原告刘翔败诉。该法院在判决书中认定该报社获得刘翔的图片来源合法，其为回顾 2004 年具有影响的事件而进行的报道中使用了刘翔在公共场合的肖像，属于合理使用。上述肖像的使用并非用于广告，其行为合法，不构成侵犯刘翔的肖像权。此判决在社会上引起了极大的反响，中国田径协会发表声明表示异议，刘翔的代理律师代表刘翔向北京市第一中级人民法院提出上诉。经过长达半年多的复审，2005 年 12 月 15 日北京市第一中级人民法院就此案作出终审判决。判决认为，该报社使用的刘翔跨栏图片并非新闻照片，而是经过处理之后的图片。在刘翔奥运夺冠照片下面加上了北京某公司的商品广告，广告与照片本身并无明确区分，而且刘翔夺冠照片的背景已经过处理，所以其所使用的刘翔夺冠照片已非原来的新闻照片。因此判决被告侵犯刘翔肖像权的侵权行为成立。

① 沈天水．新闻报道中的肖像权问题：从刘翔诉《精品购物指南》侵犯肖像权案的终审判决谈起 [J]．新闻记者，2006 (1)：70－72.

（二）媒介侵害肖像权的侵权责任

大部分的侵害肖像权的行为都是民事侵权行为，一般承担停止侵害、消除影响、赔礼道歉、赔偿经济损失和财产损失等责任。其中停止侵害、消除影响、赔礼道歉为非财产性责任方式，赔偿损失为财产责任方式。

【案例】

某报未经许可使用陈女士婚礼照片广告宣传案

1999 年 6 月 1 日某报第 12 版“玩家、品位”栏目以《婚礼办在泳池边》为题，介绍了陈女士的婚礼经过和有关情况，随文刊附了 5 张婚礼场面的照片，其中 4 张是陈女士穿婚纱的照片。在主文章的右边和左下方分别刊登了《你想办泳池婚礼吗》和《泳池婚礼创意小辑》的附文，介绍可办泳池婚礼的地方、费用和婚礼方案。陈女士认为，该报社未经她本人同意，刊发了婚礼现场照片，侵犯了她的肖像权。陈女士将某报诉至法院，法院认为被告侵害原告肖像权，理由除未经肖像人同意之外，还包括被告以原告为题材撰写文章是利用原告在一定范围内享有知名度来吸引更多的读者，照片的运用增强了文章的可读性、趣味性，最终目的是增加报纸的发行量，提高营业收入。因此，被告刊用的照片侵犯了原告的肖像权，应承担赔礼道歉、赔偿损失等侵权责任。

第五节 媒介侵犯著作权

著作权法律关系是因作品的创作、传播和使用而产生的权利和义务关系的总称。不管是以报纸、期刊为主要内容的传统传播媒介，还是以互联网为代表的现代传播媒介，必然都会涉及不同类型作品的创作、传播，从而产生大量的著作权保护、授权许可、未经授权的侵权行为等著作权法律纠纷。

一、著作权的主要内容

著作权，也称版权，是指著作权人对其创作的文学、艺术和科学作品等智力成果依法享有的专有权利。著作权通常有广义和狭义之分：狭义的著作权，仅指作者对其作品依法享有的权利；广义的著作权既包括狭义的著作权内容，也包括著作邻接权，即作品传播者依法享有的权利，如出版者的权利、表演者的权利、录音录像制作者的权利、广播电台的权利等。我国有关著作权的主要法律和行政法规有《中华人民共和国著作权法》《中华人民共和国著作权法实施条例》《著作权集体管理条例》《实施国际著作权条约的规定》《信息网络传播权保护条例》《计算机软件保护条例》《广播电台电视台播放录音制品支付报酬暂行办法》等。最高人民法院等单位发布的关于审理著作权民事纠纷案件和侵犯知识产权刑事案件的司法解释，也是解决我国著作权纠纷的重要依据。

现行的《中华人民共和国著作权法》（以下简称《著作权法》）根据 2020 年 11 月 11 日第十三届全国人民代表大会常务委员会第二十三次会议《关于修改〈中华人民共和国著

作权法〉的决定》已完成第三次修正。我国著作权法的立法目的体现于该法“总则”第1条：“为保护文学、艺术和科学作品作者的著作权，以及与著作权有关的权益，鼓励有益于社会主义精神文明、物质文明建设的作品的创作和传播，促进社会主义文化和科学事业的发展与繁荣，根据宪法制定本法。”

（一）著作权的主体和客体

著作权保护制度的前提是确认著作权保护的主体和客体，以保证著作权的经济价值和社会价值，使其规范地进入传媒领域，发挥版权的作用。

1. 著作权的主体

著作权的主体是指依法对作品享有权利的著作权人，其权利受著作权法保护。除法律另有规定的情况外，未经著作权人授权，他人不得使用其作品。

（1）著作权人。

根据《著作权法》第11条的规定，著作权属于作者，该法另有规定的除外。创作作品的自然人是作者。由法人或者非法人组织主持，代表法人或者非法人组织意志创作，并由法人或者非法人组织承担责任的作品，法人或者非法人组织视为作者。著作权人包括作者或其他依照法律规定享有著作权的法人或者非法人组织。通常来说，创作作品的自然人是作者，法人或者其他非法人组织也可视为作者，但是要满足以下三个特殊条件：由该法人或者非法人组织主持；代表该法人或者非法人组织意志创作；由该法人或者非法人组织承担责任。

（2）著作权的归属。

有些作品在创作或者传播过程中会出现多种特殊情况，涉及多个主体，这样就出现著作权的归属问题或者主体认定问题。

演绎作品的著作权归属：改编、翻译、注释、整理已有作品而产生的作品，其著作权由改编、翻译、注释、整理人享有，但行使著作权时不得侵犯原作品的著作权。

合作作品的著作权归属：两人以上合作创作的作品，著作权由合作作者共同享有。没有参加创作的人，不能成为合作作者。合作作品的著作权由合作作者通过协商一致行使；不能协商一致，又无正当理由的，任何一方不得阻止他方行使除转让、许可他人专有使用、出质以外的其他权利，但是所得收益应当合理分配给所有合作作者。合作作品可以分割使用的，作者对各自创作的部分可以单独享有著作权，但行使著作权时不得侵犯合作作品整体的著作权。

汇编作品的著作权归属：汇编若干作品、作品的片段或者不构成作品的数据或者其他材料，对其内容的选择或者编排体现独创性的作品，为汇编作品，其著作权由汇编人享有，但行使著作权时，不得侵犯原作品的著作权。

视听作品的著作权归属：视听作品中的电影作品、电视剧作品的著作权由制作者享有，但编剧、导演、摄影、作词、作曲等作者享有署名权，并有权按照与制作者签订的合同获得报酬。电影作品、电视剧作品以外的视听作品的著作权归属由当事人约定；没有约定或者约定不明确的，由制作者享有，但作者享有署名权和获得报酬的权利。视听作品中的剧本、音乐等可以单独使用的作品的作者有权单独行使其著作权。

职务作品的著作权归属：自然人为完成法人或者非法人组织工作任务所创作的作品是职务作品。职务作品分为特殊职务作品和一般职务作品。特殊职务作品，作者享有署名权，著作权的其他权利由法人或者非法人组织享有，法人或者非法人组织可以给予作者奖励。特殊职务作品包括两类：一类主要是利用法人或者非法人组织的物质技术条件创作，并由法人或者非法人组织承担责任的工程设计图、产品设计图、地图、示意图、计算机软件等职务作品；另一类是报社、期刊社、通讯社、广播电台、电视台的工作人员创作的职务作品。一般职务作品是指特殊职务作品以外的职务作品。一般职务作品的著作权由作者享有，但法人或者非法人组织有权在其业务范围内优先使用。作品完成两年内，未经单位同意，作者不得许可第三人以与单位使用的相同方式使用该作品。

委托作品的著作权归属：受委托创作的作品，著作权的归属由委托人和受托人通过合同约定。合同未作明确约定或者没有订立合同的，著作权属于受托人。

继受著作权的归属：继受著作权主体是指通过继承、接受遗赠、接受转让等方式或者在法律规定的其他条件下依法取得著作权的自然人或组织。常见的有著作权继承者、著作权受遗赠者、著作权转让中的受让人等。在我国，国家在某些情况下也可成为著作权的主体，例如有作者在生前将著作权中的财产权无偿捐赠给国家；作者以遗嘱方式表示愿意在死亡后将著作权中的财产权赠送给国家；作者既无继承人又无受遗赠人；著作权属于法人或其他组织，但在法人或其他组织变更或终止后，没有继承其权利义务的法人或其他组织；国家主持创作或投资创作的作品。国家享有著作权的作品由国家版权局管理。

2. 著作权的客体

著作权的客体是指著作权所指向的对象，即作品。根据《著作权法》第 3 条规定，作品是指文学、艺术和科学领域内具有独创性并能以一定形式表现的智力成果，包括：文字作品；口述作品；音乐、戏剧、曲艺、舞蹈、杂技艺术作品；美术、建筑作品；摄影作品；视听作品；工程设计图、产品设计图、地图、示意图等图形作品和模型作品；计算机软件；符合作品特征的其他智力成果。

作品的特征应包含四点：第一，受著作权法保护的作品仅限于文学、艺术和科学范围内的智力成果。第二，作品必须以一定形式表现出来，使人们能够感知，著作权法保护的是作品表现形式，而不是思想观念。第三，作品必须具有可复制性，可通过印刷或录制等形式再现。第四，作品必须具有独创性，独创性是受著作权法保护的作品的核心要素。

在上述作品中，与新闻媒介关系最为密切的有以下作品：文字作品，是指小说、诗词、散文、论文等以文字形式表现的作品；口述作品，是指即兴的演说、授课、法庭辩论等以口头语言形式表现的作品；音乐作品，是指歌曲、交响乐等能够演唱或者演奏的带词或者不带词的作品；美术作品，是指绘画、书法、雕塑等以线条、色彩或者其他方式构成的有审美意义的平面或者立体的造型艺术作品；摄影作品，是指借助器械在感光材料或者其他介质上记录客观物体形象的艺术作品；视听作品，是指摄制在一定介质上，由一系列的伴音或无伴音的画面组成，并且借助适当的装置放映或者以其他方式传播的作品。视听作品包括两类，一类是电影、电视剧作品，另一类是除电影、电视剧作品外的其他视听作品，如短视频、含视听元素的广告等。

根据《著作权法》第 5 条的规定，以下三类客体不适用于著作权法：第一类是法律、法规，国家机关的决议、决定、命令和其他具有立法、行政、司法性质的文件，及其官方正式译文。第二类是单纯事实消息。第三类是历法、通用数表、通用表格和公式。其中单纯事实消息是对客观事实的直观记录，没有独创性的特点，所以无法构成著作权意义上的作品。

（二）著作权的内容

著作权的内容是指著作权人享有的专有权利的总和，是著作权法中最为核心的部分，可分为人身权利和财产权利。其中财产权利是著作权人实现作品经济价值的体现和保障，著作权人可以自己行使财产权利，授权许可他人行使某项或某几项财产权利，也可以部分或者全部转让其财产权利，并依照约定或者我国著作权法的有关规定获得报酬。

1. 人身权

著作权法中的人身权，也称精神权利，是指作者通过创作作品而获得的与其人身不可分割的、不直接涉及财产的权利。《著作权法》第 10 条列举了人身权包含的权利及其含义。

（1）发表权。

发表权，即决定作品是否公之于众的权利。作者有权决定是否将其作品发表，在什么时候发表其作品，在什么区域、多大范围内发表其作品以及以何种形式发表作品。“公之于众”是指将作品向不特定的人公开，但不以公众知晓为构成条件。发表权具有一次用尽的特点，任何作品只能发表一次，发表权也只能实施一次。

（2）署名权。

署名权，即表明作者身份，在作品上署名的权利。署名体现了作者与作品之间的必然联系，作者有权在作品上署真名、笔名等，任何人不得干涉。署名权还体现为作者有权禁止他人在其作品上署名，禁止他人故意冒用其姓名去发表、制作或销售作品。《著作权法》第 12 条第 1 款规定：“在作品上署名的自然人、法人或者非法人组织为作者，且该作品上存在相应权利，但有相反证明的除外。”

（3）修改权。

修改权，即修改或者授权他人修改作品的权利。作者依自己的意愿修改作品，任何人不得干涉，作者可以自己修改，也可授权他人修改。但作者对自己已发表的作品进行修改，会受到一定的限制，在这个过程中行使修改权，应以不损害他人合法权益为前提。《著作权法》第 36 条规定：“图书出版者经作者许可，可以对作品修改、删节。报社、期刊社可以对作品作文字性修改、删节。对内容的修改，应当经作者许可。”

（4）保护作品完整权。

保护作品完整权，即保护作品不受歪曲、篡改的权利。歪曲是指故意改变事物的真相或内容；篡改是指用作伪的手段对作品进行改动或曲解。保护作品完整权旨在保护作者的观点、思想、名誉及声望等。

2. 财产权

著作权法中的财产权，也称经济权利，指可以直接为著作权人带来经济利益的权利。

《著作权法》第10条列举了财产权包含的权利及其含义。

(1) 复制权。

复制权，即以印刷、复印、拓印、录音、录像、翻录、翻拍、数字化等方式将作品制作一份或者多份的权利。该权利的核心是复制行为是否发生，而非复制的方式及数量，复制权是为控制复制行为而享有的权利。数字化复制方式包括将作品以各种技术手段固定在芯片、光盘等媒介上；将作品上传到网络服务器；将作品从网络服务器或他人计算机中下载到本地计算机中；以电子邮件的附件方式发送作品给其他计算机用户等。

(2) 发行权。

发行权，即以出售或者赠与方式向公众提供作品的原件或者复制件的权利。著作权法中的发行行为需要符合两个条件：一是公开发行，即向不特定的公众提供作品的原件或复制件。非公开地提供作品原件或复制件不构成发行行为，如作者将自己创作的作品以某种形式赠送给亲人或朋友。二是发行行为应当以转移作品的有形物质载体所有权的方式发生。

(3) 出租权。

出租权，即有偿许可他人临时使用视听作品、计算机软件的原件或者复制件的权利，计算机软件不是出租的主要标的的除外。只有视听作品和部分计算机软件的原件或者复制件享有该权利；其他作品，如不以出租为主要标的的计算机软件、文字作品、口述作品、美术作品和摄影作品等不享有该权利。经营视听作品、计算机软件的出租业务，需取得相关行政许可，还需取得著作权人的授权。

(4) 展览权。

展览权，即公开陈列美术作品、摄影作品的原件或者复制件的权利。只有美术作品和摄影作品的著作权人才享有展览权，展览的对象应是不特定的公众，若作者将自己创作的美术、摄影作品以某种形式供亲人或朋友欣赏，不构成著作权意义上的展览。《著作权法》第20条规定："作品原件所有权的转移，不改变作者著作权的归属，但美术、摄影作品原件的展览权由原件所有人享有。作者将未发表的美术、摄影作品的原件所有权转让给他人，受让人展览该原件不构成对作者发表权的侵犯。"

(5) 表演权。

表演权，即公开表演作品，以及用各种手段公开播送作品的表演的权利。公开表演包含现场表演和机械表演。现场表演是指表演者借助声音、表情和动作等在现场创造性地再现作品或者演奏作品给不特定的公众。机械表演是指借助技术设备传播作品的表演，如在各类场所为不特定的公众播放音乐或舞蹈作品等。

(6) 放映权。

放映权，即通过放映机、幻灯机等技术设备公开再现美术、摄影、视听作品等的权利。公开再现是指面向公众的放映，且无论其是否营利。放映与机械表演的区别在于，放映仅需能够传送影像的技术设备，而机械表演需借助现场表演的录制技术设备和异地的播放技术设备。

(7) 广播权。

广播权，即以有线或者无线方式公开传播或者转播作品，以及通过扩音器或者其他传送符号、声音、图像的类似工具向公众传播广播的作品的权利。对于音乐作品和文字作品的著作权人而言，行使广播权会带来一定的报酬。著作权法中的广播权应符合两个条件：一是不特定的公众被动接收作品，无法对内容和时间进行选择；二是点对多的传播模式。

（8）信息网络传播权。

信息网络传播权，即以有线或者无线方式向公众提供，使公众可以在其选定的时间和地点获得作品的权利。著作权法中的信息网络传播行为应符合两个条件：一是通过信息网络向公众提供作品，只要将作品上传至网络服务器中供用户下载或浏览，而无论用户是否发生下载或浏览行为，便构成提供作品的行为。二是“交互式传播”行为，即公众可在其任意选定的时间或地点，在信息网络上阅读文字作品、观看视听作品等。而在特定的时间将事先准备好的作品通过信息网络单向式传播给公众的行为，不属于信息网络传播权的范畴。

（9）摄制权。

摄制权，即以摄制视听作品的方法将作品固定在载体上的权利。摄制权也称制片权，《著作权法》第17条规定：“视听作品中的电影作品、电视剧作品的著作权由制作者享有，但编剧、导演、摄影、作词、作曲等作者享有署名权，并有权按照与制作者签订的合同获得报酬。前款规定以外的视听作品的著作权归属由当事人约定；没有约定或者约定不明确的，由制作者享有，但作者享有署名权和获得报酬的权利。视听作品中的剧本、音乐等可以单独使用的作品的作者有权单独行使其著作权。”

（10）改编权。

改编权，即改变作品，创作出具有独创性的新作品的权利。改编某作品必须取得原作品著作权人的许可，并且应以不改变原作品基本思想内容为前提。根据《著作权法》第13条的规定，改编已有作品而产生的作品，其著作权由改编者享有，但行使著作权时不得侵犯原作品的著作权。

（11）翻译权。

翻译权，即将作品从一种语言文字转换成另一种语言文字的权利。一种语言文字可转换成多种语言文字，如将中文转换成英语、法语、西班牙语或德语等。根据《著作权法》第13条的规定，翻译已有作品而产生的作品，其著作权由翻译人享有，但行使著作权时不得侵犯原作品的著作权。

（12）汇编权。

汇编权，即将作品或者作品的片段通过选择或者编排，汇集成新作品的权利。汇编作品在选择或编排众多原作品的内容上体现了独创性，如作品集、文集、法律法规选编等。在汇编作品中可能包含未发表作品的内容，所以在汇编过程中，应取得著作权人的许可。《著作权法》第15条规定：“汇编若干作品、作品的片段或者不构成作品的数据或其他材料，对其内容的选择或者编排体现独创性的作品，为汇编作品，其著作权由汇编人享有，但行使著作权时，不得侵犯原作品的著作权。”

（13）应当由著作权人享有的其他权利。

著作权法虽然用列举的方法规定了著作权人享有的权利，但并未穷尽，也难以穷尽。随着科学技术的发展和人们认识水平的不断提高，必定会出现新的使用作品的方式。为了全面保护著作权人的权利，著作权法规定了兜底条款——著作权人还有可能享有其他权利，以适应社会和技术发展的需要。

（三）著作权保护期

不同的作品的著作权保护期也不尽相同。首先，根据《著作权法》的规定，作者的署名权、修改权、保护作品完整权的保护期不受限制。自然人的作品，其发表权、该法第10条第1款第5项至第17项规定的权利的保护期为作者终生及其死亡后50年，截止于作者死亡后第50年的12月31日；如果是合作作品，截止于最后死亡的作者死亡后第50年的12月31日。法人或者非法人组织的作品、著作权（署名权除外）由法人或者非法人组织享有的职务作品，其发表权的保护期为50年，截止于作品创作完成后第50年的12月31日；该法第10条第1款第5项至第17项规定的权利的保护期为50年，截止于作品首次发表后第50年的12月31日，但作品自创作完成后50年内未发表的，将不再保护。视听作品的发表权保护期为50年，截止于作品创作完成后第50年的12月31日；该法第10条第1款第5项至第17项规定的权利的保护期为50年，截止于作品首次发表后第50年的12月31日，但作品自创作完成后50年内未发表的，该法不再保护。

（四）与著作权有关的权利

广义的著作权包含邻接权，在《著作权法》中，邻接权被称为“与著作权有关的权利”。该权利是指作品的传播者就其传播作品的过程中所付出的创造性劳动和资金投入而享有的权利，邻接权人在享有权利的同时，也要承担一定的义务，主要是使用他人作品，应取得著作权人的许可，并支付报酬。作品的传播者主要包括出版者、表演者、录音录像制作者、广播电台和电视台。

1. 出版者权

图书出版者出版图书应当和著作权人订立出版合同，并支付报酬。图书出版者对著作权人交付出版的作品，按照合同约定享有的专有出版权受法律保护，他人不得出版该作品。著作权人应当按照合同约定期限交付作品。图书出版者应当按照合同约定的出版质量、期限出版图书。图书出版者不按照合同约定期限出版，应当承担相应的民事责任。图书出版者重印、再版作品的，应当通知著作权人，并支付报酬。图书脱销后，图书出版者拒绝重印、再版的，著作权人有权终止合同。

另外，《著作权法》第37条规定：“出版者有权许可或者禁止他人使用其出版的图书、期刊的版式设计。前款规定的权利的保护期为十年，截止于使用该版式设计的图书、期刊首次出版后第十年的12月31日。”出版单位的版式设计无论是由出版单位设计人员完成，还是委托单位外人员完成，一经采用，属出版单位专有，未经许可，其他任何人不得擅自进行复制。

2. 表演者权

根据《著作权法》第39条的规定，表演者对其表演享有下列权利：（1）表明表演者身份；（2）保护表演形象不受歪曲；（3）许可他人从现场直播和公开传送其现场表演，并获得报酬；（4）许可他人录音录像，并获得报酬；（5）许可他人复制、发行、出租录有其表演的录音录像制品，并获得报酬；（6）许可他人通过信息网络向公众传播其表演，并获得报酬。其中（1）项、（2）项权利的保护期不受限制；（3）至（6）项权利的保护期为50年，截止于该表演发生后第50年的12月31日。需要注意的是，表演者的权利是指演员、音乐家、舞蹈家等通过表演作品而获得的权利，与表演权不同。

3. 录音录像制作者权

根据《著作权法》第44条的规定，录音录像制作者对其制作的录音录像制品，享有许可他人复制、发行、出租、通过信息网络向公众传播并获得报酬的权利。被许可人复制、发行、通过信息网络向公众传播录音录像制品，应当同时取得著作权人、表演者许可，并支付报酬；被许可人出租录音录像制品，还应当取得表演者许可，并支付报酬。将录音制品用于有线或者无线公开传播，或者通过传送声音的技术设备向公众公开播送的，应当向录音制作者支付报酬。该权利的保护期为50年，截止于该制品首次制作完成后第50年的12月31日。录音录像制品主要包括唱片、录音带、录像带等。需要注意的是，录像制品与视听作品是有区别的，录像制品主要是指基本不做加工直接摄录的制品，包括对演讲、讲座或文艺晚会的摄录等。录像制品的独创性较弱，受邻接权保护。

4. 广播电台、电视台的权利

根据《著作权法》第47条的规定，广播电台、电视台有权禁止未经其许可的下列行为：（1）将其播放的广播、电视以有线或者无线方式转播；（2）将其播放的广播、电视录制以及复制；（3）将其播放的广播、电视通过信息网络向公众传播。广播电台、电视台行使上述规定的权利，不得影响、限制或者侵害他人行使著作权或者与著作权有关的权利。上述规定的权利的保护期为50年，截止于该广播、电视首次播放后第50年的12月31日。广播电台、电视台对自己通过无线或有线等方式向公众播放内容享有控制权，属于邻接权的一种。广播电台电视台播放的内容主要包括：对事件、人物等进行现场直接播放或录音、拍摄后播放；通过合法程序对他人的录音录像制品等作品等进行完整播放或经过剪辑、加工、编排后播放；或综合两者进行播放。

二、媒介侵犯著作权的表现形式

媒介侵犯著作权的表现形式，按侵犯的客体不同可以分为侵犯著作人身权和侵犯著作财产权。媒介在使用或传播作品的过程中应该尊重作者的著作权权益，遵守相关法律法规的规定，避免侵犯他人的合法权益。实施侵犯著作权行为的人必须承担民事责任，包括停止侵害、消除影响、赔礼道歉、赔偿损失等。根据侵权程度，有时还要承担行政责任和刑事责任。行政处罚包括责令停止侵权行为、罚款、没收违法所得、没收销毁侵权制品和没收主要用于制作侵权复制品的材料、工具、设备等；刑事处罚包括有期徒刑、拘役和罚金等。

（一）媒介侵犯著作人身权

媒介侵犯著作人身权是指媒介在使用或传播作品的过程中，对作者的发表权、署名权、修改权和保护作品完整权进行侵害的行为。侵犯著作人身权的表现形式按权利种类可分为以下几类。

1. 侵犯发表权

媒介侵犯发表权指未经著作权人许可发表作品；未按照与著作权人约定的时间或方式

出版或传播作品；未经合作作者许可，将与他人合作的作品作为自己独立创作的作品发表等行为。

2. 侵犯署名权

媒介侵犯署名权指没有给著作权人署名或者不正确地引用或标注他人的姓名和身份信息、给未参加创作的人员署名等行为。

3. 侵犯修改权

媒介侵犯修改权是指未经授权擅自修改原作品的内容、观点或表达方式等行为。

4. 侵犯保护作品完整权

媒介侵犯保护作品完整权指故意歪曲、篡改他人作品的内容，使得作品违背原始作者的创作理念和作品精神价值，并有可能降低或损害作者名誉、社会声誉的行为。

（二）媒介侵犯著作财产权

媒介侵犯著作财产权是指媒介在使用或传播作品的过程中，未经著作权人许可，擅自以复制、发行、信息网络传播等方式向公众传播其作品，或者未经许可的其他改编、翻译行为，给著作权人造成经济损失。

1. 侵犯复制权、发行权

媒介侵犯复制权、发行权指未经授权将作品复制成印刷品或以数字形式向不特定公众传播等行为。

2. 侵犯信息网络传播权

媒介侵犯信息网络传播权指未经授权通过信息网络向不特定公众传播作品等行为。

3. 出租权

媒介侵犯出租权指未经授权将作品出租给不特定公众观看或阅读等行为。

4. 使用他人作品，应当支付报酬而未支付的行为

这类行为主要指按照《著作权法》关于“法定许可”的规定，可以不经著作权人许可使用著作权人已发表的作品，但应当按法定支付报酬而未支付的情形。

【案例】

天津A、B印务有限公司侵犯图书著作权案①

2018年7月，根据权利人投诉及全国“扫黄打非”办公室移转线索，天津市文化市场行政执法总队对天津A印务有限公司进行执法检查，查扣侵权盗版《寂静的春天》《昆虫记》《飞向太空港》等图书2.4万余册。

2018年11月，根据国家版权局移转线索，天津市文化市场行政执法总队联合静海区文化市场行政执法支队对天津B印务有限公司进行执法检查，查扣侵权盗版《金庸作品集》等图书9万余册。经查，天津A印务有限公司和天津B印务有限公司的法定代

① 国家版权局. 2021年度全国打击侵权盗版十大案件［EB/OL］.（2023－02－28）［2023－08－27］. https://www.ncac.gov.cn/chinacopyright/contents/12756/357397.shtml.

表人和住所地相同，直接负责人均为季某某。天津市公安局静海分局决定将上述两起案件并案调查。

2021 年 1 月，天津市第二中级人民法院以侵犯著作权罪判处天津 A 印务有限公司罚金 150 万元；季某某有期徒刑五年六个月，并处罚金 100 万元。

近年来，非法复制发行、网络传播侵权盗版图书、名家名作等违法犯罪活动持续多发，严重损害权利人合法权益，破坏出版物市场版权秩序，不但严重损害读者的权益，还危害青少年身心健康，权利人和家长对此广泛关注。该案侵权行为针对教育部门推荐中小学生课外阅读书目、名家名作等畅销长销图书，侵权图书种类、数量众多，侵权盗版规模较大。执法部门依法从严查处，对维护良好出版物市场版权秩序、保护青少年身心健康具有积极意义。

【案例】

上海"××影视字幕组"网站侵犯著作权案①

2020 年 1 月，根据网络巡查获得线索，上海市公安局食药环侦总队会同上海市公安局虹口分局对上海"××影视字幕组"网站侵犯著作权案进行调查。经查，自 2018 年起，梁某某成立公司开发运营"××影视字幕组"网站，未经著作权人许可，组织人员翻译、制作、上传中外影视作品 32824 部，发展会员 683 万人，并以接受"捐赠"名义变相收取会员费、招揽广告收取广告费、销售拷贝等方式牟利，非法经营额 1200 余万元。2021 年 11 月，上海市第三中级人民法院以侵犯著作权罪判处梁某某有期徒刑三年六个月，并处罚金 150 万元；其他同案人员被判处一年六个月到三年不等的有期徒刑，并处罚金 4 万到 35 万元不等。

"××影视字幕组"网站会员数量庞大、涉案侵权作品数量众多，执法部门多次查处，但仍反复逃避监管，实施侵权谋取非法利益，社会影响恶劣。侦办过程中，执法部门与检察院、鉴定机构数次研究，多维度取证固证，获得检法部门对于案件定性、证据效力的认可。本案对侵犯著作权罪中涉及的"未经著作权人许可"复制发行、作品数量、取证固证、单位犯罪等问题的认定，对此类案件审理具有借鉴意义。该案的查办充分彰显了我国平等保护中外著作权人合法权益、营造良好营商环境的决心与能力。

三、媒介侵犯著作权的抗辩

媒介侵犯著作权的抗辩理由主要包括合理使用、法定许可和合同授权等。其中合理使用与法定许可是我国的著作权法规定的限制方式，主要是为了平衡著作权人的利益和社会

① 国家版权局. 2021 年度全国打击侵权盗版十大案件［EB/OL］.（2023-02-28）［2023-08-27］. https://www.ncac.gov.cn/chinacopyright/contents/12756/357397.shtml.

公众的利益。

（一）合理使用

合理使用是指在法律规定的情况下使用已发表的作品，可以不经著作权人许可，不向其支付报酬，但应当指明作者姓名或者名称、作品名称，并且不得影响该作品的正常使用，也不得损害著作权人的合法权益。如果行为人的行为属于合理使用的范围，可基于《著作权法》第24条列举的合理使用方式主张免责抗辩。

（1）为个人学习、研究或者欣赏，使用他人已经发表的作品。个人的学习和研究是对已经发表作品的最主要的使用方式之一，因不产生经济利益，所以应该给予保护。

（2）为介绍、评论某一作品或者说明某一问题，在作品中适当引用他人已经发表的作品。将他人已发表的作品的内容引用为自己作品的依据，需注意引用他人作品不得影响该作品的正常使用，引用部分应注意比例，不能构成自己作品的主要部分或实质部分。

（3）为报道新闻，在报纸、期刊、广播电台、电视台等媒体中不可避免地再现或者引用已经发表的作品。为使公众迅速得知国内、国际时事新闻，会不可避免地再现或引用已发表的作品。需注意的是，引用的目的仅限于新闻报道，再现或引用已发表的作品在客观上应是不可避免的。

（4）报纸、期刊、广播电台、电视台等媒体刊登或者播放其他报纸、期刊、广播电台、电视台等媒体已经发表的关于政治、经济、宗教问题的时事性文章，但著作权人声明不许刊登、播放的除外。一些时效性、政策性或目的性强的时事性文章需通过各种媒介广泛传播，使公众知晓，因此媒体刊登其他媒体已经发表的关于政治、经济、宗教问题的时事性文章有利于信息的传播，从而满足公众的知情权。

（5）报纸、期刊、广播电台、电视台等媒体刊登或者播放在公众集会上发表的讲话，但作者声明不许刊登、播放的除外。一般情况下，在公共场所发表讲话有公开传播的目的，因此媒体刊登或者播放在公众集会上发表的讲话属于合理使用。

（6）为学校课堂教学或者科学研究，翻译、改编、汇编、播放或者少量复制已经发表的作品，供教学或者科研人员使用，但不得出版发行。课堂教学和科学研究均需要已发表的作品中包含的知识，从而提高公众文化水平和促进发展科学技术等。需要注意的是，“少量”是指复制数量不应超过课堂教学或科学研究人员的需要，不能给作品的市场带来不利的影响。

（7）国家机关为执行公务在合理范围内使用已经发表的作品。国家机关为执行公务一般为研究问题、制定政策等，是国家整体利益的需要，但使用作品不可超过其职能范围和执行公务的范围。

（8）图书馆、档案馆、纪念馆、博物馆、美术馆、文化馆等为陈列或者保存版本的需要，复制本馆收藏的作品。上述单位除收集各种作品为公众提供阅读和鉴赏等服务，还要保存和传承相关作品，所以有必要自行复制一定数量的作品。但复制目的仅限于陈列或保存版本，复制对象仅限于本馆收藏的作品。

（9）免费表演已经发表的作品，该表演未向公众收取费用，也未向表演者支付报酬，且不以营利为目的。免费表演既不向表演者支付报酬，也不向公众收取费用。如在学校的联欢会上，学生表演已发表的作品，属于免费表演。

(10) 对设置或者陈列在公共场所的艺术作品进行临摹、绘画、摄影、录像。陈列在公共场所的作品具有公益性质，供公众自由鉴赏、借鉴，所以公众对这些产品进行临摹、绘画、摄影、录像，属于合理使用，也是国际惯例。

(11) 将中国公民、法人或者非法人组织已经发表的以国家通用语言文字创作的作品翻译成少数民族语言文字作品在国内出版发行。这个规定主要是为了促进我国少数民族教育、文化的发展，是我国多民族国家发展的特殊需要，有利于各民族共同发展繁荣。

(12) 以阅读障碍者能够感知的无障碍方式向其提供已经发表的作品。阅读障碍者是指视力残疾人以及由于视觉缺陷、知觉障碍、肢体残疾等原因无法正常阅读的人。据世界卫生组织发布的数据显示，全球视力障碍者达 2.53 亿人。在中国，视力残疾人达1732万，其他阅读障碍者涉及的人数更加庞大。对阅读障碍者进行保护彰显了积极参与全球残疾人事业发展和知识产权治理的负责任大国的担当，也表明我国完成了《马拉喀什条约》的国内立法转化。国际通行的无障碍格式主要包括文字作品的盲文版、大字版和有声版等。

(13) 法律、行政法规规定的其他情形。

（二） 法定许可

法定许可是指在法律规定的情况下以某些方式使用已发表的作品，可以不经著作权人许可，但应向其支付报酬，应指明作者姓名或者名称、作品名称，并且不得影响该作品的正常使用，也不得不合理地损害著作权人的合法权益。如果行为人的行为属于法定许可的范围，可基于《著作权法》中所举出的法定许可方式主张免责抗辩。

1. 教科书的法定许可

《著作权法》第 25 条规定："为实施义务教育和国家教育规划而编写出版教科书，可以不经著作权人许可，在教科书中汇编已经发表的作品片段或者短小的文字作品、音乐作品或者单幅的美术作品、摄影作品、图形作品，但应当按照规定向著作权人支付报酬，指明作者姓名或者名称、作品名称，并且不得侵犯著作权人依照本法享有的其他权利。"其中需要注意的是，教科书是指教学所用的正式教材，不包括教学参考书和教学辅导材料等；汇编使用的文字作品若用于九年制义务教育的教科书，单篇不得超过 2000 字；若用于国家教育规划的教科书，单篇不得超过 3000 字；教科书中使用的音乐作品，限于单篇不得超过 5 页面或时长不超过 5 分钟的单声部音乐作品，或乘以相应倍数的多声部音乐作品；若作品的著作权人事先声明不许使用，则不可使用。

2. 传统报刊转载的法定许可

《著作权法》第 35 条第 2 款规定："作品刊登后，除著作权人声明不得转载、摘编的外，其他报刊可以转载或者作为文摘、资料刊登，但应当按照规定向著作权人支付报酬。"其中需要注意的是，转载、摘编只限于传统报刊之间，不适用于互联网转载。若转载以图书形式出版的作品，应取得著作权人的许可，并支付报酬；转载、摘编应说明首发该作品的报刊名称和期号等；首发作品的报刊无权禁止其他报刊转载、摘编，只有著作权人有权禁止。

3. 录音制品的法定许可

《著作权法》第 42 条第 2 款规定："录音制作者使用他人已经合法录制为录音制品的

音乐作品制作录音制品，可以不经著作权人许可，但应当按照规定支付报酬；著作权人声明不许使用的不得使用。”合法录制为录音制品的音乐作品，是指经过音乐作品著作权人授权后录制的录音制品，只有当音乐作品被授权合法录制为录音制品后，才适用法定许可。

4. 广播电台、电视台的法定许可

《著作权法》第 46 条第 2 款规定：“广播电台、电视台播放他人已发表的作品，可以不经著作权人许可，但应当按照规定支付报酬。”该条法定许可所涉及的作品不包括视听作品和录像制品。播放他人已发表的作品包括被单独完整地播放，也包括在另一个完整的节目或作品中采用他人已发表作品的全部或部分进行播放。

（三）合同授权

根据《著作权法》第 26 条、第 27 条和第 29 条的规定，使用他人作品应当同著作权人订立许可使用合同，该法规定可以不经许可的除外；转让全部或部分财产权，应当订立书面的转让合同；许可使用合同和转让合同中著作权人未明确许可、转让的权利，未经著作权人同意，另一方当事人不得行使。

著作权许可使用合同的主要内容有：许可使用的权利种类；许可使用的权利是专有使用权或者非专有使用权；许可使用的地域范围、期间；付酬标准和办法；违约责任；双方认为需要约定的其他内容。

著作权转让合同的主要内容有：作品的名称；转让的权利种类、地域范围；转让价金；交付转让价金的日期和方式；违约责任；双方认为需要约定的其他内容。

总之，在面对著作权纠纷时，可考虑通过合理使用、法定许可和合同授权等方式主张免责抗辩，以保护自身的合法权益。同时，在进行相关活动时应遵守法律法规的规定，尊重他人的著作权权益。

【案例】

“×剧 TV”App 侵犯著作权案①

2022 年 5 月，江苏省江阴市人民法院判决了一起著作权侵权刑事案件，被告人熊某、李某、黄某、张某分别被判处一年三个月至三年的有期徒刑、没收违法所得、并处相应的罚金。至此，这起曾在 2020 年被中宣部等四部门联合挂牌督办的案件终于画上圆满句号。

2019 年 3 月，根据江苏省版权局在当年全省打击网络侵权盗版集中办案周行动中提供的线索，南京市文化执法总队对一款通过微信公众号提供下载的应用程序“×剧 TV”进行立案调查。经查，南京某公司未经著作权人许可，通过其运营的“×剧 TV”App，向用户提供 88 部电视剧的在线播放，并通过发布广告牟利，共获取广告收入 41 万余元。2019 年 9 月，南京市文化市场行政执法总队对该公司作出没收违法所得、罚款 83

① 国家版权局. 江苏判结一起著作权侵权刑事案件［EB/OL］.（2022 - 09 - 07）［2023 - 08 - 27］. https://www.ncac.gov.cn/chinacopyright/contents/12549/356931.shtml.

万元的行政处罚。该案入选国家版权局“剑网2019”专项行动十大案件。

由于涉案App广告收入颇丰，熊某经不起诱惑，2019年6月，通过转让的方式从南京某公司法定代表人鞠某手中取得涉案App后，与他人合谋，在江阴、武汉等地注册公司专门从事涉案App的推广运营。

2020年6月，江苏省版权局在当年全省打击网络侵权盗版集中办案周行动中，再次向无锡市文化执法支队提供了“×剧TV”App涉嫌侵权的线索。无锡市文化执法支队高度重视，集中网络执法力量对以崭新面目出现的“×剧TV”App进行了周密的调查取证，同时积极与权利人进行沟通，取得著作权权属证明，从而证实涉案App经营者的侵权行为。

经查，“×剧TV”App的开发者（供应商）为江阴某公司。该App在华为、小米、VIVO及OPPO手机应用商店均提供了下载服务，下载总数超过2.2亿次。“×剧TV”是一款提供韩国电视剧、综艺节目及泰国电视剧在线播放的应用程序，经统计其传播的韩国电视剧、综艺节目作品数量为数百部（数千集）。App内通过接入广告牟利。经韩国著作权委员会北京代表处出具的认证结果报告书证实：涉案App传播的韩国影视作品属于未经授权的侵权复制品。

根据调查的结果，办案人员认为，涉案App经营者以营利为目的，未经著作权人许可，通过信息网络向公众传播影视作品，从涉案金额、传播作品数量、作品点击数、会员人数均有可能达到《刑法》第217条规定的“其他特别严重情节”，构成侵犯著作权罪。因此依法将该案移送公安机关。

因疫情原因，该案的查办历时两年之久。2022年，本案以侵犯著作权罪在江苏省江阴市人民法院一审开庭。法院经审理认定，2019年7月至2020年8月，“×剧TV”App经营者熊某等人以营利为目的，未经著作权人许可，共同通过信息网络向公众传播影视作品，情节特别严重，其行为均构成侵犯著作权罪。2022年5月27日本案宣判，被起诉的熊某、李某、黄某、张某退出各自违法所得，并处罚金，另外被判处不同刑期的有期徒刑。

该案是无锡市文化市场综合行政执法支队首次查办的著作权领域行政执法与刑事司法有效衔接的典型案例，为今后行政执法部门与刑事司法部门在两法衔接领域的沟通交流起到了较好的示范作用。

思考题

1. 分析名誉权侵权的构成要件。
2. 分析隐私权和个人信息的异同。
3. 简述英雄烈士名誉荣誉特殊保护的原因。
4. 分析新闻报道中肖像权的合理使用。
5. 分析著作人身权和著作财产权的特征和异同。

第七章　舆论监督与媒介审判

一般来说，舆论监督是社会公众通过行使言论自由权、批评建议权等宪法所赋予公民的基本权利，对国家机关及国家机关的工作人员，即公权力进行的一种监督。在传统媒体时代，公民首先要从新闻媒体的采访报道中实现知情权，然后再通过媒体最大范围地表达自己的意见和主张，并形成社会舆论，从而影响公权力的运作或对社会公共事件进行监督。而就社会重大刑事案件而言，一经新闻媒体报道就会引起大众的广泛讨论，产生强大的社会舆论，甚至可能会影响司法审判的走向，使得舆论监督异化，形成媒介审判。所以要健全良好的舆论监督环境，厘清舆论监督和媒介审判的边界，实现媒介舆论监督和司法机关依法独立行使职权之间的协调，保证司法公正。

第一节　舆论监督和舆论监督权

一、舆论和监督

“舆论”作为一个词组，最早见于《三国志·魏志·王朗传》：“设其傲狠，殊无入志，惧彼舆论之未畅者，并怀伊邑”。其中“舆论”即公众的言论，或公众的意见。卢梭在《社会契约论》中首次提出“public opinion”这个词，与我国的“舆论”相对应，用以指称人们对社会公共事务所表达的意见。《新闻学大词典》对舆论的定义为：“社会或社会群体对近期发生的、为人们所普遍关心的某一争议性的社会问题的共同意见。”综合来看，舆论主要指社会公众对近期发生的社会公共事件的公众意见或者公共意见。

《说文解字》对“监”的解释为“临下也”，引申为监视、察看。对“督”的解释为“察也”，引申为督促、督导、督察。古代的监督是指自上而下的一种监视、督查行为，监督行为的主体是社会的管理者，监督的对象是被管理者，监督是古代社会的一项管理活动，是统治者行使管理职能的一种方式，其主要功能是监督和约束被管理者的行为，以维护既定的社会秩序。

可见，古代舆论与监督的主体是不相同的，舆论的主体是基层社会公众，监督的主体是上层管理者。

二、舆论监督与舆论监督权

随着民主法治观念的普及，大众传播业的兴起，舆论与监督的主体和内涵逐步走向融合，监督不再是自上而下的督察行为，而是社会公众对公权力的督察行为，舆论和监督主体都是社会公众，形成了社会公众的舆论监督权。

（一）舆论监督

以大众传播为特征的现代社会的舆论监督主要是指公众利用大众传播媒介对国家机关、国家机关工作人员和公众人物的与公共利益有关的事务进行揭露、批评和提出建议的行为。简而言之，是通过舆论行使监督，或说通过舆论的方式达到监督的目的。它是公民言论自由权利的体现，是人民参政议政的一种形式。舆论监督通常有三种表现形态，即披露事实真相、直接表达批评意见和提出建议。

（二）舆论监督权

舆论监督权是指公众或新闻媒体有权利用大众传播媒介披露应当公开的与公众利益相关的事务，并对公共事务和某些社会现象提出批评、建议，不受非法干涉的权利。简而言之，就是公众或媒体有依法运用大众传播手段行使舆论监督的权利。它是由公民的言论自由权发展来的具有独立价值的权利，是宪法所保障的一项制度性权利。

舆论监督权通常包括舆论监督权的权利主体和舆论监督权的对象两个重要构成要素。舆论监督权的权利主体通常是民众和新闻媒体。舆论监督的对象通常是社会公权力，根据我国《宪法》第41条的规定，中华人民共和国公民对于任何国家机关和国家工作人员，有提出批评和建议的权利；对于任何国家机关和国家工作人员的违法失职行为，有向有关国家机关提出申诉、控告或者检举的权利，但是不得捏造或者歪曲事实进行诬告陷害。对于公民的申诉、控告或者检举，有关国家机关必须查清事实，负责处理，任何人不得压制和打击报复。可见我国舆论监督权的对象有两个：一是国家机关，即我国的公共权力机关及公共权力机关权力的运作行为；二是国家机关的工作人员，即国家公职人员的行为、行为过程和行为结果。

为了使舆论监督有效实现，首先就是政府信息公开，新闻媒体对重大社会政治、经济、外交、文化等事件的报道以满足公众的知情权，所以舆论监督权主要包括三个层面的内容：一是搜集、获取、了解各种信息和意见的自由，可以称之为新闻媒体的采访自由或调查自由；二是新闻媒体、新闻工作者或者社会公众利用大众传播媒介公开报道事实或相关事件、表达批评意见的自由；三是社会公众传播信息和意见的自由。

舆论监督在维护社会正义、增强社会责任感、改善社会环境和推动经济发展等方面具有重要作用和意义。首先，舆论监督能够揭示不公平、不公正等社会问题，促进社会规范和公正；其次，舆论监督能够增强公民的社会责任感，提高公民的参与度和责任感，激发公民对公共事务的关注和参与，形成有效的社会监督；再次，舆论监督能够改善社会环境，及时发现社会漏洞，促使行政机关制定更有效的法律和强化社会制度：最后，舆论监督能推动经济发展，客观反映经济发展方向，提出有力的建议，帮助企业实现经济发展。

《中国新闻工作者职业道德准则》要求把坚持正确舆论导向与通达社情民意统一起来，把坚持正面宣传为主与正确开展舆论监督统一起来，发挥党和政府联系人民群众的桥梁纽带作用。坚持用习近平新时代中国特色社会主义思想武装头脑，深入学习宣传贯彻党的路线方针政策，积极宣传中央重大决策部署，及时传播国内外各领域的信息，满足人民群众日益增长的新闻信息需求，保证人民群众的知情权、参与权、表达权、监督权。加强和改进舆论监督，着眼解决问题、推动工作，激浊扬清、针砭时弊，发表批评性报道要事实准确、分析客观，坚持科学监督、准确监督、依法监督、建设性监督。

【案例】

孙志刚案①

2003 年 3 月 17 日晚 10 时许，广州某公司职员孙志刚外出上网，途遇天河区黄村街派出所民警检查身份证，因未带身份证，被作为“三无人员”带回派出所。孙志刚的同学成先生闻讯后赶到派出所并出示孙志刚的身份证，当事警官仍拒绝放孙志刚。同年 3 月 18 日，孙志刚被作为“三无人员”送往收容遣送站。当晚，孙志刚因“身体不适”被转往广州市收容人员救护站。20 日凌晨 1 时多，孙志刚遭同病房的 8 名被收治人员两度轮番殴打，于当日上午 10 时 20 分死亡。救护站死亡证明书上称其死因是“心脏病”。同年 4 月 18 日，中山大学中山医学院法医鉴定中心出具尸检检验鉴定书，结果表明，孙志刚死前 72 小时曾遭毒打。

2003 年 4 月 25 日，《南方都市报》以《被收容者孙志刚之死》为题，首次披露了孙志刚惨死事件。次日，全国各大媒体纷纷转载此文，并开始追踪报道。

2003 年 5 月 14 日，三位法学博士以普通公民身份向全国人大常委会提出审查《城市流浪乞讨人员收容遣送办法》的建议。同年 6 月 5 日上午，孙志刚案开庭。6 月 9 日孙志刚案一审判决：主犯乔燕琴被判死刑，李海婴被判死缓，钟辽国被判无期。其他 9 名被告人也分别被判处 3 年至 15 年有期徒刑。同日，孙志刚案涉及的民警、救治站负责人、医生及护士一共 6 人，因玩忽职守罪，被分别判处 2 年至 3 年的有期徒刑。

2003 年 6 月 20 日《城市生活无着的流浪乞讨人员救助管理办法》公布，同年 8 月 1 日，1982 年开始施行的《城市流浪乞讨人员收容遣送办法》废止。

孙志刚被视为以生命为代价推动中国法治进程、值得纪念的人。孙志刚案是媒体发挥舆论监督功能，通过新闻报道披露政府执法机关收容拘禁公民孙志刚而致其被殴而死这一事件，推动国务院废除收容遣送制度，是舆论监督和公民权利保护的知名案例。

第二节　舆论监督与隐性采访

由于多种原因，隐性采访被作为新闻媒体或者媒体工作者舆论监督的有效手段而日益被较多地使用着，考虑到正义的目的或良善的结果，人们往往会忽视对于手段是否正当的质疑，或者采取一种两害权衡取其轻的态度。② 然而事实上，隐性采访有时会使新闻媒体或者媒体工作者处在违法犯罪的边界。不能为了舆论监督的目的而滥用隐性采访，否则将会危及社会基本的诚信和公正秩序。

① 经济观察报. 开放编年史 | 2003：孙志刚案开启的公民权利道路 [EB/OL].（2018-06-29）[2023-09-22]. https://baijiahao.baidu.com/s?id=1604573029159113926.

② 黄晓红. 论隐性采访和舆论监督的伦理考量 [J]. 北京工业大学学报（社会科学版），2007（5）.

一、隐性采访

隐性采访是国内外新闻工作者惯用的一种新闻采访方式。甘惜分教授主编的《新闻学大词典》将隐性采访定义为："记者隐瞒记者身份或采访目的而进行的采访。"陈力丹教授认为："隐性采访是记者不暴露自己的身份或以其他假身份，采用各种能够获得信息的方式（包括偷拍偷录）从事的采访活动。"① 也就是说，隐性采访主要是记者隐瞒身份、隐藏采访目的，甚至是采用偷拍、偷录等隐蔽手段进行的采访行为。

隐性采访在一定程度上涉及伦理问题、法律问题，还可能存在侵害相关当事人的隐私等问题，所以《中国新闻工作者职业道德准则》要求新闻工作者增强法治观念，遵守宪法和法律法规，通过合法途径和方式获取新闻素材，认真核实新闻信息来源，确保新闻要素及情节准确；维护采访报道对象的合法权益，尊重采访报道对象的正当要求，不揭个人隐私，不诽谤他人；维护妇女、儿童、老年人和残疾人的合法权益，注意保护其身心健康。

二、隐性采访与舆论监督

舆论监督既是新闻媒体必须认真履行的神圣责任，也是一个社会健康发展的保障工具。虽然隐性采访有各种弊端，但当遇到涉及社会公众利益等事件，用公开的方式开展舆论监督遭遇越来越多的障碍时，隐性采访有可能起到积极有效的作用。

【案例】

《新闻 30 分》记者暗访"掰开""黑心"月饼

2001 年中央电视台《新闻 30 分》栏目报道某月饼生产厂家用陈馅加工月饼的过程，记者用隐性采访的方式取得素材，事件曝光后社会反响强烈。之后，月饼用陈馅、脏馅、变质馅等问题不断通过各媒体记者的暗访被披露出来。还有用病死母猪肉制成"新鲜肉松"，桶装水不卫生、卫生纸不卫生、黑腐竹、注水肉等坑害消费者的行为，通过记者的隐蔽式采访一个个被曝光。消费者为记者暗访叫好，公众对媒体的信任度更是大大提高。隐蔽式采访的出其不意，能让记者获得更真实的画面、更准确的信息、更详细的证据。②

相比显性采访的公开性、客观性，隐性采访的隐蔽性、现场性使得记者可获得第一手真实的新闻素材和信息。从现实生活中媒体的实践活动层面看，隐性采访在用公开的方式无法获得新闻要素的某些特殊情况下，对揭露与社会公众利益密切相关的社会事件有一定的帮助，促使舆论监督发挥积极作用。

在实践中，美国法律禁止偷拍、偷录行为，除非出于公共利益的考虑。美国职业记者协会认为应当阻止偷拍和匿名采访，除非这种形式的曝光"有十分重要的意义……与公众

① 陈力丹．试论隐性采访的法律意识和行为规则［J］．现代传播（北京广播学院学报），1999（5）：39－44．

② 刘巍．现代舆论监督离不开隐性采访［J］．记者摇篮，2014（3）：22．

的利益息息相关”。在英国，全国记者协会的规范中也有这样的条款：除非是在公共利益这个基础下的辩护，记者不应做出任何干扰他人隐私、悲伤或痛苦的事。同为英国媒体组织，媒体申诉委员会在其规范中更为明确地规定了隐性采访方式的运用，如在未经当事人同意的情况下，不得拍摄人们在私人场所的照片；记者不得获取或刊载通过秘密监听而得来的资讯等。我国中央电视台新闻评论部《新闻调查》栏目工作手册中规定：对“偷拍”必须慎之又慎，除非调查危害公共利益的重大隐情而又别无他法，且经制片人同意，否则绝不采取任何涉嫌欺骗、侵权的拍摄方式。

目前，我国学者对隐性采访的理解也发生了变化，认为隐性采访指新闻工作者通过公开采访方式无法获取采访对象或事情的真实信息的情况，为了公共利益，在采访对象不知情或未同意的情况下获取信息的采访方式。① 这形成了一种狭义的隐性采访的界定，进行隐性采访时需要满足两个条件：一是通过公开采访方式无法获取采访对象或事情的真实信息的情况；二是为了社会公共利益，也就是说，当采访的方式正当性和社会公共利益两者发生冲突时，根据两利相权取其重原则，采访方式的正当性让渡于社会公共利益。

三、隐性采访的伦理和法律边界问题

如上所述，隐性采访在一些负面社会现象中，确实能发挥积极、有效的作用，向公众披露一些不为人知的社会现象，引起公众关注，形成舆论监督，然而，隐性采访毕竟是新闻媒体或新闻工作者隐瞒身份、隐瞒目的、采用隐蔽手段的采访行为，其在采访过程中可能会出现有悖伦理道德、侵权、违法犯罪等问题。② 因此，世界上很多国家对隐性采访还是采取限制性原则的，例如国际记者联合会通过的《记者行为原则宣言》中规定：只用公开的方法获得新闻照片和资料。《中国新闻工作者职业道德准则》明确规定新闻记者在采访时要出示有效的记者证，在获取新闻素材、信息时须通过合法的途径和方式。从这一点讲，隐性采访不符合该准则的要求。

（一）隐性采访的伦理失范

隐性采访极易引发伦理争议，近年来隐性采访的新闻往往较为吸引人们的眼球，较易获得关注，在引发舆论讨论的同时，有的新闻获得赞赏，也有的新闻备受质疑。对于隐性采访带有的欺骗性，美国著名新闻理论家罗恩·史密斯就认为：“所有的隐性报道都是欺骗。”所以隐性采访在实际操作中，难以把握尺度，需要高度的职业素养和伦理素养，否则容易发生失范行为，从而引起新闻伦理争议。

【案例】

《焦点访谈》报道考生作弊案

2002 年 7 月 9 日，《焦点访谈》播出了记者追查某“助考公司”利用手机向考生传

① 牛静．新闻传播伦理与法规理论及案例评析［M］．上海：复旦大学出版社，2020：28－29.

② 魏永征．新闻法新论［M］．北京：中国海关出版社，2002：324.

递高考答案的作弊全过程。据报道，该公司在多家中学散发小广告，高考前生意兴隆。央视记者得到群众举报后，运用偷拍、跟踪等手段，拍到一对母女与“助考公司”洽谈，随后到电信商场购买手机的镜头。7月7日晨，记者看到该考生进入考场后，向监考人员汇报了此情况，该考生被当场抓获。次日，多家媒体对此事进行了报道。关于记者是否应当提前阻止考生作弊，一时成为网上的热门话题。

7月11日，《南方都市报》发表了署名“忽然”的文章。作者写道：“电视台记者在整个采访过程中，可能只是想完整记录事件的全过程，他的目的达到了，可我知道，这名作弊考生的前途可能就此毁掉了。‘惩前毖后，治病救人。’惩罚不是目的，救人才是最重要的。我不知道这位记者是否有孩子，他的亲戚朋友中是否有参加高考的考生。但我想问一问，如果这位作弊的考生是他的亲人，当看到她有可能参与作弊的时候，他会怎么做？是推一把将其推入深渊，还是拉一把使其临渊止步呢？我的答案是，伸出援助的手，防患于未然方法很简单，在该作弊母女购买手机之后，会同公安部门将其手机截获，在考试当天等候作弊公司打电话，如果未打电话，则可定性为诈骗；如果打来电话，公安机关可利用侦察手段，追踪电话来源，将犯罪嫌疑人一举抓获。这样同样会有一期精彩的节目与我们见面。”①

（二）隐性采访与公民的人格权

隐性采访和人格权是一对天然的矛盾，人格权是公民专有的民事权利，任何组织或者个人不得侵害。而记者通过隐性采访这一手段进行采访时隐瞒了自身的身份及携带的录音录像设备，这一过程中很有可能侵犯被采访对象的隐私权、肖像权等人格权利。隐性采访不得侵害他人的住宅、通信、人格等权利是对隐性采访的基本要求和限制。② 在观察式的隐性采访中，新闻记者只是以旁观者的身份记录事件的真实过程，一般不介入事件本身，但在镜头的选取或被拍摄对象的选择上，需要特别考虑对相关当事人个人的隐私、肖像等内容的保护，尽管是出于舆论监督的目的，也要对相关当事人做隐私的保护。

（三）隐性采访的法律边界问题

在参与式的隐性采访中，记者直接参与到事件中，这时就产生事件的参与者与记者本身作为采访者双重身份的矛盾。首先考虑的是冒用的身份是否合法，记者不得伪装成国家公务员、法官、检察官、警察、军人等特定身份人员进行活动，一定要将自己的采访行为置于法律的保护范围内，以免触犯《刑法》第279条的规定，冒充国家工作人员招摇撞骗罪。如果参与的是违法甚至是犯罪事件，记者的参与行为也涉嫌违法或犯罪，因为记者并不享有司法行政职权。但是，记者有时为了获取资料而采用“卧底”手段，如伪装成违法犯罪的吸毒者、买赃者等角色，这种情况下，虽然获取了一手新闻要素，但是记者也触及了相关的违法犯罪的行为。

---

① 王军．传媒法规与伦理［M］．北京：中国传媒大学出版社，2010．

② 张子龙．“隐性采访”热的冷思考［J］．传媒观察，2003（6）：45－47．

四、隐性采访的适用条件及原则

（一）隐性采访的适用条件

隐性采访具有一定的积极意义，但是，采用隐性采访必须满足这样的基本条件："第一，采访动机应该是善意的，这是前提。这个善意在一般意义上说，就是为了维护社会正义，为了社会公众的切身利益。第二，在具体手段上，应该是合法的，不能违背法律规范，因为法律规范其实就是底线性的道德规范。其三，在结果上确实实现了公共利益的维护，至少没有损害公共利益。"① 建立在这些条件下，隐性采访必须是最后的手段，隐性采访不应当是新闻报道的普遍性选择，而是，在特殊情况下的不得已而为之的选择。有学者将其称为最后选择原则，即指只有在通过公开采访等正当采访方式无法获得事实信息的情况下，除了采用隐性采访就无法获得真实信息的情况下，才可以使用隐性采访。当然，最后的手段不是充分条件，而是必要条件，隐性采访的使用还需要满足目的的正当性和合法性等其他条件。

【案例】

《焦点访谈》记者暗访高考替考案

2007年6月10日高考刚结束，"焦点访谈"播出了暗访报道《揭秘高考替考》，披露了某地少数考生电子档案临时被替换、报名把关不严、少数监考人员舞弊等系列作弊行为。记者以"替考人"身份与当事人取得联系，了解其中隐情，并亲历了假考生身份制作的全过程。在充分掌握了替考行为将要发生的确凿证据后，记者向当地公安、教育主管部门及时反映情况，替考行为终于在高考前一天得到制止。此次暗访与报道在创造公平竞争的考试环境、惩治舞弊行为、为考生个人负责等方面都有着积极的社会意义。② 对比2002年《焦点访谈》栏目报道的类似案例，这两起报道出自同一个栏目，出于同样的目的，都是采用了暗访的手段，都起到了媒体监督的作用，却取得了截然不同的两种效果。二者不同之处就在于，报道中的考生在面临人生十字路口的错误选择时，媒体有没有体现出应有的温度，带着善意及时劝阻，既揭露了违法行为，又避免了损害后果的发生。

（二）隐性采访应把握的原则

1. 在法律规定的范围内进行隐性采访

隐性采访应严格遵守国家的有关保密法律规范，如《保守国家秘密法》《广播电视部保密暂行规定》《新闻出版保密规定》《科学技术保密法》《中国人民解放军保密条例》等。

隐性采访应严格遵守有关未成年人保护法，如我国《未成年人保护法》第4条规定："保护未成年人，应当坚持最有利于未成年人的原则。处理涉及未成年人事项，应当符合

① 杨保军．隐性采访中的道德问题［J］．新闻战线，2010（6）：3.

② 陈堂发．"抢眼的新闻"与"对人的敬重"［J］．新闻与写作，2007（8）：62.

下列要求：给予未成年人特殊、优先保护；尊重未成年人人格尊严；保护未成年人隐私权和个人信息；适应未成年人身心健康发展的规律和特点；听取未成年人的意见；保护与教育相结合。”第 49 条规定：“新闻媒体应当加强未成年人保护方面的宣传，对侵犯未成年人合法权益的行为进行舆论监督。新闻媒体采访报道涉及未成年人事件应当客观、审慎和适度，不得侵犯未成年人的名誉、隐私和其他合法权益。”

隐性采访应严格遵守有关人格尊严、名誉权、隐私权、肖像权、信用权等保护法律规定。

2. 不得使用非法手段获取信息

《中华人民共和国反间谍法》第 25 条明确规定：“任何个人和组织都不得非法持有、使用间谍活动特殊需要的专用间谍器材。”我国《刑法》第 284 条也有相应规定：“非法使用窃听、窃照专用器材，造成严重后果的，处二年以下有期徒刑、拘役或者管制。”所以隐性采访应严格遵守有关法律规定，不得使用窃听、窃照等专用间谍器材。

我国对法庭审判的新闻采访也有严格限制，规定法庭的审判活动不能进行隐性采访。1993 年颁布的《中华人民共和国人民法院法庭规则》第 10 条规定：“新闻记者旁听应遵守本规则。未经审判长或者独任审判员许可，不得在庭审过程中录音、录像和摄影。”

3. 在伦理道德范畴内使用隐性采访

隐性采访是在采访对象未被告知真相的情况下进行的，被报道者处于被动地位，缺少保护自身权益的能力，因此双方地位是不平等的。在这种情况下，即使记者行为合法，但仍有用“不诚实”手段获取信息的嫌疑，可能引起道德质疑，所以此时应尽可能地保护相关当事人的人格权利、生存权和发展权。

第三节　媒介审判

媒介对司法案件的报道是其行使舆论监督权利的一种重要表现形式。然而，媒介在对社会重大刑事案件的审理进行舆论监督的过程中，有时会出现一些越位、失范的现象，这样不仅不会对案件审理起到积极的推动作用，反而在造成较大社会影响之余，可能会阻碍司法机关依法独立行使职权和司法公正，以至于出现“媒介审判”。

一、司法公开与新闻媒体的舆论监督

所谓司法公开，本质上是指审判公开。在我国，审判公开是司法工作的一项重要原则，也是人民法院审判案件的基本形式。审判公开是指人民法院审判案件，除法律另有规定的外，都在法庭公开进行，允许公众旁听，允许新闻记者采访和报道。我国《刑事诉讼法》第 11 条规定了审判公开原则，即人民法院审判案件，除本法另有规定的以外，一律公开进行。

公开审判允许公众旁听，允许新闻记者采访和报道，这是人民法院接受新闻媒体舆论监督工作、保障司法公正的有效方式。为了妥善处理人民法院与媒体的关系，保障公众的知情权、参与权、表达权和监督权，提高司法公信力，2009 年最高人民法院出台《关于人民法院接受新闻媒体舆论监督的若干规定》，该规定要求人民法院应当主动接受新闻媒

体的舆论监督。对新闻媒体旁听案件庭审、采访报道人民法院工作、要求提供相关材料的，人民法院应当根据具体情况提供便利；对于社会关注的案件和人民法院工作的重大举措以及按照有关规定应当向社会公开的其他信息，人民法院应当通过新闻发布会、记者招待会、新闻通稿、人民法院公报、互联网站等形式向新闻媒体及时发布相关信息；对于公开审判的案件，新闻媒体记者和公众可以旁听；审判场所座席不足的，应当优先保证媒体和当事人近亲属的需要。

二、司法公开及媒介审判

根据人民法院接受新闻媒体舆论监督工作的六项规定，司法公开主要包括立案公开、庭审公开、执行公开、听证公开、文书公开、审务公开。也就是说，司法案件从立案阶段就要接受新闻媒体的舆论监督，保障公民的知情权，新闻媒体和社会公众可以对相关案件从立案、庭审、执行等全过程进行评论，在监督过程中，有可能出现直接点评，甚至对案件当事人作出罪与非罪、此罪与彼罪的定性言论，形成媒介审判。

媒介审判又叫新闻审判、报刊审判，主要指媒介报道超越法律规定，干预或影响司法机关依法独立行使职权和司法公正的现象，是一种以新闻报道形成某种舆论压力，妨碍和影响司法机关依法独立行使职权与公正的行为。

媒介审判的主要特征是媒介超越司法程序抢先对案情作出判断，对涉案人员作出定性、定罪、量刑以及胜诉或败诉等结论。媒介审判的报道在事实方面往往是比较片面的、夸张的甚至是失实的。它的语言往往是煽情式的，力图激起公众对当事人憎恨或者同情等情绪。它有时会采取“炒作”的方式，即由诸多媒体联手对案件作单向度的宣传，有意无意地压制相反的意见。西方国家的学者认为媒介审判是一种不按照法律程序对被告或犯罪嫌疑人实施的、非法的道义上的裁判。媒介审判是来源于西方国家的新闻传播法中的概念，有些西方国家法律审判实行陪审团制度，陪审团由普通公民组成，如果大众媒介在开庭审判前对案件或涉案的当事人做过多的报道和渲染，就会影响陪审团的公正投票，从而间接影响法院判决的公正，其主要后果是形成一种足以影响法庭独立审判的舆论氛围，从而使审判在不同程度上失去了应有的公正性。

【案例】

药××案

2010年10月20日22时30分许，西安音乐学院学生药××驾驶陕A419N0号红色雪佛兰小轿车从西安外国语大学长安校区返回市区途中，将前方在非机动车道上骑电动车同方向行驶的被害人张×撞倒。药××担心张×记住车牌号找其麻烦，即持尖刀在张×胸、腹、背等处捅刺数刀，将张×杀死。逃跑途中又撞伤二人。同月23日，药××在其父母陪同下到公安机关投案。

此案引发社会各界的广泛关注，药××案也引起全国媒体的大量报道。除陕西本地媒体报道外，《新京报》的《从撞人到杀人：药××的蜕变》、《华商报》头版报道药××与警官同台演出及药××父母向死者家属下跪等新闻报道，把药××案推向舆论旋涡，使得社会公众强烈要求必须判药××死刑、立即执行。

从法律角度审视，药××在未被采取任何强制措施的情况下，于作案后第四日在父母陪同下到公安机关投案，并如实供述了犯罪事实，其行为具备自首的法定构成要件，依法应认定为自首。最高人民法院2010年2月8日制定的《关于贯彻宽严相济刑事政策的若干意见》第17条第1款规定，对于自首的被告人，除罪行极其严重、主观恶性极深、人身危险性极大，或者恶意地利用自首规避法律制裁者以外，一般均应当依法从宽处罚。也就是说，对有自首情节的被告人一般应当从宽处罚，但有两种例外情形，即使有自首情节也不能从宽处罚：第一种，罪行极其严重、主观恶性极深、人身危险性极大；第二种，恶意地利用自首规避法律制裁的。综上所述，自首是法律规定可以从轻处罚的情节，但不是应当（或必须）从轻处罚的情节，是否从轻处罚，应当根据犯罪的事实，犯罪的性质、情节和社会危害后果综合考虑。

在舆论的强大压力下，人民法院没有考虑药××的自首情节，2011年4月，西安市中级人民法院对此案作出一审判决，以故意杀人罪判处药××死刑，剥夺政治权利终身，并赔偿被害人家人经济损失费；药××随后提起上诉。2011年5月，二审判决宣布维持原判。

三、媒体审判的弊端

从媒体审判的弊端来讲，媒介审判所带来的负面影响是存在的，不仅会干预正常的司法审判程序，影响司法机关依法独立行使职权，损害司法尊严与权威，还会影响司法公正，造成误判、错判，使得公民权利无法得到保障。所以，媒体审判不利于人民群众树立正确的法律意识和法治观念，不利于维护法治社会和公平正义，有时甚至会引起媒介侵权，触犯刑律。①

【案例】

张××案

1997年8月24日晚，某市公安局警察张××酒后驾车逆向行驶，将一个孩子撞飞，不治身亡；孩子的父亲和自行车则被卷在车下拖着狂奔，留下一条1500米的血路。

1997年8月25日，刚刚创办三年的河南媒体《大河文化报》（即《大河报》）在头条的位置刊登了一条新闻：昨晚郑州发生一起恶性交通事故，白色皇冠拖着被撞伤者狂逃，众出租车司机怀着满腔义愤猛追。该报道迅速被全国多家媒体转载。不久，《南方周末》对此事也进行了报道。随后，中央电视台《焦点访谈》也播出对此案的调查。张××案很快便成为全国人民愤怒情绪的发泄点。正如张××的律师所说，张××已经

① 李易扬. 论本土环境下的“媒介审判”[J]. 新闻研究导刊，2020，11（9）：66-67.

超过了交通肇事案被告人的身份，成了公安队伍中违法乱纪的典型代表，成了公安队伍中反面人物的化身。

在全民声讨的强大舆论中，1997 年 12 月 3 日，郑州市中院公开审理此案，郑州市民法庭外支起了音箱“直播”庭审过程，大量市民聚集收听。1998 年 1 月 12 日，张××以交通肇事罪和故意伤害罪被判处死刑。张××不服提起上诉，河南省高院维持原判。1998 年 2 月 26 日，张××被执行死刑。

四、媒体报道与司法机关依法独立行使职权的良性互动

虽然，新闻媒介对司法案件享有舆论监督权，但是在行使舆论监督的过程中要保证司法公正，避免对司法审判造成舆论压力，避免媒介审判现象。

（一）媒体报道不得干预司法机关依法独立行使职权

我国《刑事诉讼法》第 12 条规定，未经人民法院依法判决，对任何人都不得确定有罪，即“疑罪从无”。在案件审判阶段，不足以证明被告人有罪，又不能证明被告人无罪的，应推定其无罪。任何新闻媒介不能抢先在司法判决之前，认定被告人有罪。《中国新闻工作者职业道德准则》规定，维护司法尊严，依法做好案件报道，不干预依法进行的司法审判活动，在法庭判决前不做定性、定罪的报道和评论。1996 年中宣部、全国人大常委会办公厅、司法部和新闻出版署等部门下达《关于进一步搞好法制新闻宣传的意见》要求：“不对正在审理的案件作出有倾向性的报道。”2005 年中宣部和中央政法委《关于加强和改进案件报道的通知》要求，不得超越司法程序，不得违反事实和法律，不得擅自对案件定性。

（二）媒体参与庭审活动必须遵守法律规定

我国《民事诉讼法》《刑事诉讼法》中都有遵守法庭规则，维护法庭秩序，并对违反法庭规则、扰乱法庭秩序行为进行处罚的规定。《中华人民共和国人民法院法庭规则》是专门保障审判活动正常进行的法律，其中规定未经审判长或者独任审判员许可，不得在庭审过程中录音、录像和摄影。1999 年最高人民法院颁布《关于严格执行公开审判制度的若干规定》，其中第 11 条规定，依法公开审理案件，经人民法院许可，新闻记者可以记录、录音、录相、摄影、转播庭审实况。

另外，媒体的报道要合理，即对人民法院正在审理的案件要作客观公正的报道，不得妄加揣测和评论；对未生效裁判的评论应只针对人民法院认定的事实和适用的法律，不得对法官或其他司法人员进行恶意的人身攻击和人格侮辱。①

（三）媒体报道应坚持的具体原则

为了保证媒体的新闻自由和舆论监督权的实现，同时保持新闻报道和司法审判的平衡，媒体在报道司法案件时尽量遵守以下原则。

---

① 刘峙奥．法制新闻报道的规范化及法律问题研究［J］．西部学刊，2016(2)：38－40.

1. 来源合法原则

简单地说，就是指一般情况下，媒体所报道的案情必须系由有权机关依法披露或求证于当事人的案件信息。在一般情况下，仅允许媒体报道有关机关依法披露的相关案件信息或求证于相关当事人并为当事人认可的案件信息两种。

2. 来源明确原则

来源明确原则要求媒体在报道来源于有权机关或当事人的信息时，必须注明具体的案件来源。例如，在报道相关机关依法披露的有关案件信息时，必须在报道中注明披露该信息的主体系××机关的××职位的××人，即具体到披露者个人的单位、职位和姓名；在报道求证于案件当事人的信息时，则须注明求证了该案件的哪一个当事人或者哪一个当事人的代理人或辩护人。

3. 客观真实原则

客观真实原则是指媒体所报道之案情必须真实或有“足证内容真实之相当证据”，这不仅是新闻舆论监督的要求，也是新闻报道的基本要求。

4. 中立报道原则

该原则要求媒体在对相关案件的报道中，必须保持中立地位，不偏向任何一方，在报道任何一方主张时，都应将另一方主张一并刊登。在案件报道过程中，不做任何一方的代言人，避免单向报道，尽量做到平衡报道。

5. 独立评论原则

这一原则指向“评论性报道”，简单地说，就是指媒体报道的撰写者只能以传媒工作人员这一口吻对案件进行评论，而不得以权威的口吻误导受众，使受众误以为媒体所报道的内容系权威机构的意见而全盘接受媒体报道的内容；更不得借助民众的口吻向司法机关、司法人员传递错误的信息，捏造虚假的民愤，故意向司法机关、司法人员施加压力。

6. 无罪推定原则

在新闻传播领域所要遵守的无罪推定原则，即指在人民法院判决之前均不得将犯罪嫌疑人、被告人当作真正的罪犯予以报道，且由于民众无罪推定理念淡薄，要求媒体不仅在报道中不能传递有罪推定的信息，而且要时刻注意传播无罪推定的理念。

思考题

1. 分析公民舆论监督权的法律渊源。
2. 分析隐性采访适用的条件和原则。
3. 简述媒介审判的概念及弊端。
4. 简述媒体报道与司法机关依法独立行使职权如何实现良性互动。

参考文献

1. 陈绚. 新闻传播伦理与法规教程［M］. 北京：中国人民大学出版社，2016.

2. 郑保卫，赵新宁. 新时代　新准则　新要求 新境界：对新修订《中国新闻工作者职业道德准则》的解读［J］. 中国记者，2020（1）.

3. 李蓓. 坚持马克思主义新闻观 重塑传媒职业伦理教育［J］. 中国广播电视学刊，2019（2）.

4. 韩喜平. 中国共产党百年来对人民立场的坚守［J］. 社会科学研究，2021（1）.

5. 郑保卫. 马克思主义新闻观十二讲［M］. 北京：高等教育出版社，2019.

6. 张恩强. 略论毛泽东对马克思主义新闻宣传思想的继承与发展［J］. 党史文苑，2023（5）.

7. 中国社会科学院新闻研究所. 马克思恩格斯论新闻［M］. 北京：新华出版社，1985.

8. 杨保军. 新闻真实论［M］. 北京：中国人民大学出版社，2006.

9. 牛静. 新闻传播伦理与法规理论及案例评析［M］. 上海：复旦大学出版社，2020.

10. 王仕勇，贾浩伟. 百年中国共产党新闻政策研究：媒介技术变迁的视角［J］. 中国出版，2021（15）.

11. 王仕勇，贾浩伟. “没有调查，就没有发言权”：新闻调查研究观的源起，经验与价值回归［J］. 新闻论坛，2023（10）.

12. 王军. 传媒法规与伦理［M］. 北京：中国传媒大学出版社，2010.

13. 李嘉骅. 媒介事件的社会建构及其传播场域研究：基于“富士康跳楼事件”的报道分析［J］. 东南传播，2011（10）.

14. 李亚兰. 建设性新闻视角下重大突发事件报道策略研究：以东航坠机事故为例［J］. 传媒论坛，2022（5）.

15. 年度传媒伦理研究课题组，刘鹏，王侠，等. 2021年传媒伦理研究报告：暨2021年虚假新闻研究报告［J］. 新闻记者，2022（1）.

16. 夏胜为. 网络虚假新闻的传播路径与防范对策：以《生孩子有补助了，明年1月起实施》假新闻为例［J］. 传媒论坛，2018（16）.

17. 王晴川，陆地. 媒介法规教程［M］. 上海：上海交通大学出版社，2013.

18. 孔洪刚，高婧怡. 互联网传播中公共场所隐私权的保护［J］. 未来传播期刊，2022（12）.

19. 牛依飞. 隐性采访的道德与法律问题探究［J］. 传播与版权，2020（3）.

20. 刘巍. 现代舆论监督离不开隐性采访［J］. 记者摇篮，2014（3）.
21. 顾理平. 隐性采访：道德价值与法律底线［J］. 视听界，2015（4）.
22. 阚敬侠. 新闻界在未成年人保护领域的义务［J］. 社会治理，2021（9）.
23. 魏永征. 向传媒讨说法：媒介侵权法律问题［M］. 福州：福建人民出版社，2001.
24. 石宏.《民法典》视角下的名誉权保护制度［J］. 上海政法学院学报（法治论丛），2021（1）.
25. 李易扬. 论本土环境下的"媒介审判"［J］. 新闻研究导刊，2020（9）.

后　记

经全国高等教育自学考试指导委员会同意，由新闻类专业委员会负责高等教育自学考试《新闻道德与媒介法规》教材的审稿工作。

《新闻道德与媒介法规》自学考试教材由北京印刷学院叶文芳副教授担任主编，北京印刷学院林聪讲师担任副主编。全书由主编叶文芳副教授进行统稿。参加本教材审稿讨论会并提出修改意见的专家有：北京大学谢新洲教授、中国人民大学赵曙光教授、中国社会科学院黄楚新研究员。

编审人员付出了辛勤劳动，特此表示感谢。

新闻类专业委员会最后审定通过了本教材。

全国高等教育自学考试指导委员会
新闻类专业委员会
2024 年 2 月

图书在版编目（CIP）数据

新闻道德与媒介法规 / 叶文芳主编. --北京：中国人民大学出版社，2024.8. --(全国高等教育自学考试指定教材). --ISBN 978-7-300-33227-7

Ⅰ. G214；D922.16

中国国家版本馆 CIP 数据核字第 2024Q0W379 号

全国高等教育自学考试指定教材

新闻道德与媒介法规

（含：新闻道德与媒介法规自学考试大纲）

（2024 年版）

全国高等教育自学考试指导委员会　组编

主　编　叶文芳

副主编　林　聪

Xinwen Daode yu Meijie Fagui

出版发行	中国人民大学出版社		
社　　址	北京中关村大街 31 号	**邮政编码**	100080
电　　话	010－62511242（总编室）		010－62511770（质管部）
	010－82501766（邮购部）		010－62514148（门市部）
	010－62515195（发行公司）		010－62515275（盗版举报）
网　　址	http://www.crup.com.cn		
经　　销	新华书店		
印　　刷	北京密兴印刷有限公司		
开　　本	787 mm×1092 mm　1/16	**版　　次**	2024 年 8 月第 1 版
印　　张	9.5 插页 1	**印　　次**	2024 年 8 月第 1 次印刷
字　　数	219 000	**定　　价**	30.00 元